経済自由人にあなたもなれる

資産13億の私が明かす
金銭的サクセスへの
31カ条

SEIKO SHOBO

ブックデザイン●フロッグキングスタジオ
本文ＤＴＰ●ホープカンパニー
編集協力●遊佐麻以子

経済自由人にあなたもなれる——目次

はじめに

「真の成功者になるための31カ条」で
あなたも経済自由人になれる

今の20代、30代の方は、恵まれています。

「冗談でしょう？　こんなに先の見えない時代に！」

「正社員じゃないから、結婚だってできるかわからないのに……」

なんて、ボヤかないでください。

私がレンタルビデオショップで独立開業（株式会社ロッキー）した時代は、アナログビジネスしか選択の道がありませんでした。

ところが今や、ネットビジネスが当たり前です。私が指すところの「個業《こぎょう》」、株式トレーダーやFX（外国為替証拠金取引）トレーダーとして正社員より高収入を得る人もいます。

あなたたちが恵まれているという理由で、特筆すべきは次の2つです。

1、誰でも本気になれば成功者の仲間入りが早期にできる時代である。

2、人を雇用しなくても成功者になれる。

個業で成功しようと思えば、3年で可能になってしまうという、ある意味、驚異の時代に突入しました。そう、「サラリーマンなんてやっていられない」という――。

先日、バリ島の私の自宅を訪ねて来られた30歳過ぎの男性。彼は株式投資を始めてわずか3年で、すでに1億円をゲットしていました。中堅企業の社員が定年まで働いて得る平均生涯賃金の約半分を、たった3年で手にしてしまったのです。

そんな若者が非常に増えているのが、今の時代です。

もちろん、儲けられた本人に「お金の器《うつわ》」が身についていないと、得たお金を失う可能性があります。「真の成功者」としてのしっかりとした勉強を積み、知識と姿勢を体得していないと詐欺などの被害に遭《あ》い、あっという間にお金を失います。実際にそのような失敗から起死回生を狙う方が、私に教えを請いに来ました。

つまり成功者となっても、「成功者でありつづける」ための勉強が必須なのです。

今回、本を書くにあたっては、そんな次代を担う若者に、「私のすべてのノウハウを知ってもらいたい」

そしてそれを実践した結果、「真の成功者となり、その暁に自由人としての生活を楽しんでいただきたい」

――そう、心底願ってやまない私です。

私はもう二度と働くつもりはありません。だから本書には私のすべてのノウハウを出し切っています。本書を手にしたあなたは、超ラッキーだと断言します。

私は2003年、16年間経営を続けた㈱ロッキーのレンタル部門とネットカフェ部門を、㈱ゲオに売却（M&A）しました。ちょうどその2カ月前には退職金2億6600万円でリタイアする予定だったので、まったく寝耳に水の事件でした。その時点で㈱ロッキーは、年商46億5000万円、経常利益3億円、全従業員数630人、総店舗数35店舗の規模にまで成長していました。でもこのM&Aで、セル部門だけは手放さず新生ロッキーとして残し、50歳で同社の会長職としてリタイアしました。

……思えば28歳の「あの日」までは、ごくごく普通のサラリーマンだった私です。仕事を愛してガムシャラに働き、負けず嫌いなので結果も出し、給料は人よりもよかったのです。ですから、起業の「き」の字も考えたことはありませんでした。そんな、普通のどこにでもいるサラリーマンが、どうして成功者になれたのか。

現在は経済自由人としてインドネシアのバリ島・ヌサドゥア地区で、家族5人と雇用者8人と暮らしています。2300坪の敷地はまだ余裕がありますので、近々、テニスコートとゴルフの打ちっぱなし練習場を造ります。今年の夏には子どもが生まれるので家も増築し、メイドの部屋抜きで6LDKにします。

今、バリの自宅のリビングで、この原稿を書いています。

天井まで高くそびえる窓は開け放してあり、風が気持ちよく入ります。

気温は30度。汗がジワリと込み上げてきます。自然な暑さがお気に入りです。ふと顔を上げると、目の前にベノア湾が広がっています。波高がキラキラと陽光を照り返しています。庭にはプールサイドのオブジェから水がプールへと噴出しています。その水音を聞きながら、静かにパソコンに向かっている時間が、私の楽しみです。


あなたにだって、こんな暮らしは夢ではありません。

全身全霊で書いた私の集大成でもある「真の成功者になるための31カ条」を「実践するだけ」で済むからです。チャンスの増えた時代にピッタリの成功哲学書です。

ごく凡人の私にできたのですから、あなたにできないはずはありません。

晴れてあなたが成功したあかつきに、バリの自宅に私をたずねて来てくださるのをお待ちしております。バリで唯一の黄色い屋根が目印です。

2007年4月　藤《ふじ》田《た》隆志《たかし》

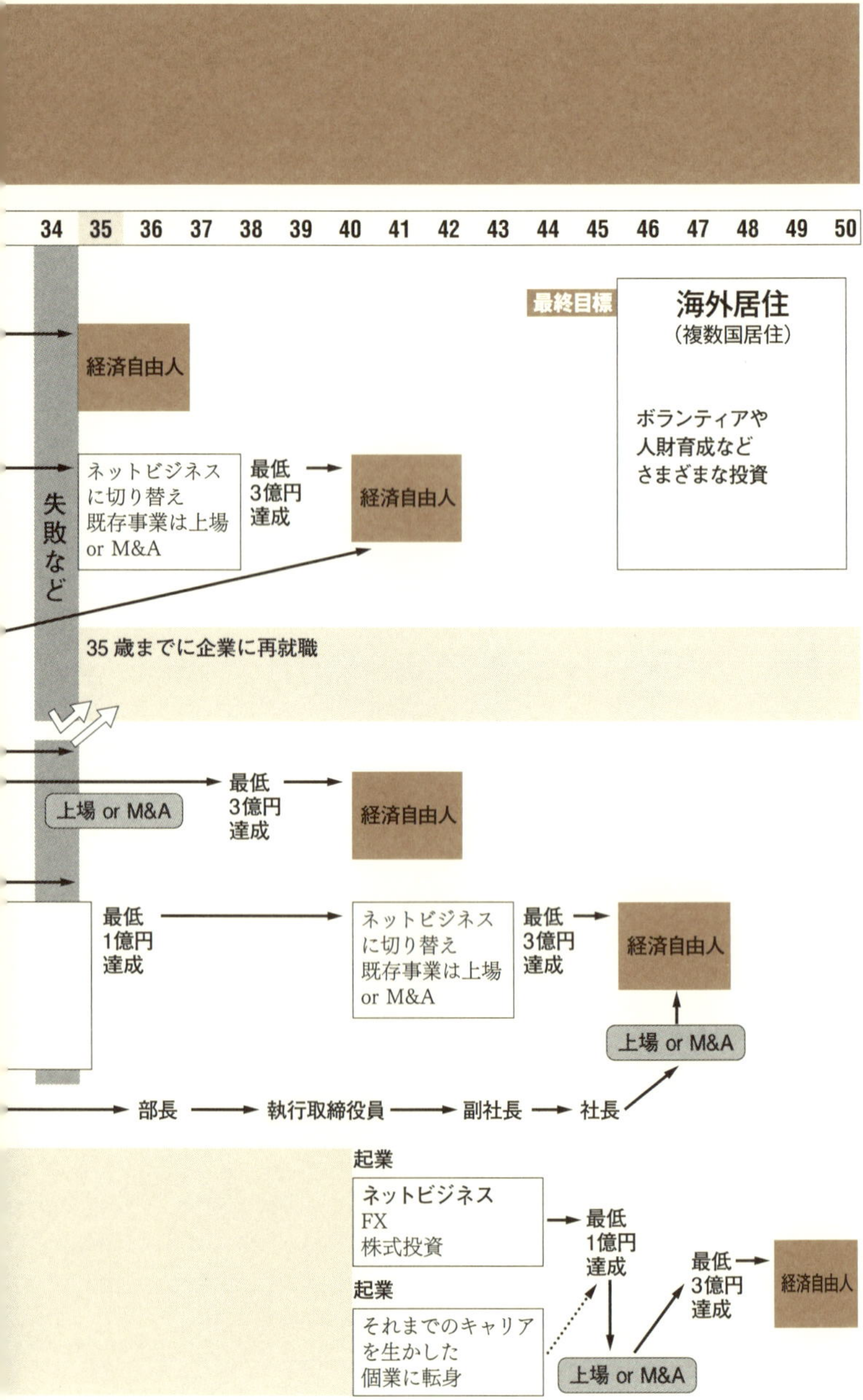
34 35 36 37 38 39 40 41 42 43 44 45 46 47 48 49 50
最終目標
海外居住
（複数国居住）
ボランティアや
人財育成など
さまざまな投資
経済自由人
ネットビジネス
に切り替え
既存事業は上場
or M&A
最低
3億円
達成
経済自由人
失敗など
35歳までに企業に再就職
上場 or M&A
最低
3億円
達成
経済自由人
最低
1億円
達成
ネットビジネス
に切り替え
既存事業は上場
or M&A
最低
3億円
達成
経済自由人
上場 or M&A
部長
執行取締役員
副社長
社長
起業
ネットビジネス
FX
株式投資
最低
1億円
達成
起業
それまでのキャリア
を生かした
個業に転身
上場 or M&A
最低
3億円
達成
経済自由人

藤田流
「年齢パターン別　これで3億円手にして経済自由人になる　モデルケース」

年齢	22	23	24	25	26	27	28	29	30	31	32	33

年齢別パターン

Aパターン

学生または
新卒社員

起業 →

①ネットビジネス
FX・新インターネットビジネス
株式投資

最低
1億円
達成 → 上場 or M&A → 最低
3億円
達成

起業 →

②アナログビジネス
自分の好きな、かつ興味があって得意分野の仕事（ショップ運営・カフェ・作品を売るなど趣味を生かす）、親の家業を継ぐ（ただしネットなどで新展開できるように変える心構えで）。

最低
1億円
達成

入社３年目

企業での就職など

① or ②
で起業 → 上記を参考に
自分の年齢と
合わせて進む

Bパターン

35歳前

企業での就職など

起業

ネットビジネス
FX
株式投資

最低
1億円
達成

起業

アナログビジネス
自分の好きな、かつ興味があって得意分野の仕事や、会社の人脈や仕事を生かす仕事、親の家業を継ぐ（ただしネットなど利用し新展開できるように変えていく）。

起業しない場合 → 現在の会社で「社長になる！」と決意する

Cパターン

35歳以降
※背水の陣で
臨む

企業での就職など

経済自由人までの私の道のり

とにかく馬鹿正直で「人間好き」です!

「あなたみたいな人は、見たことありません!」

「東京でも、あなたのような人は数少ないでしょうね!!」

と、よく人から言われます。

馬鹿正直な人生を歩むことがポリシーの私です。そのせいか言動は超ストレートでオープン。世間ではそういう人間が少ないせいか、よく冒頭のように評されます。

また、生死をかけて17年も経営を続けてきたせいか、ONだとちょっと顔が怖いかもしれません。OFFの笑顔は結構、やさしいのですが……。

人に、何を言われようとも人間が大好きで興味が尽きません。

ちなみに苦手な方はいるとしても、嫌いな人は存在しません。

そんな私は今、「経済自由人」としてバリ島に移り住み、もうすぐ3年目を迎えようとしています。

この経済自由人とは、「自らの運命を自分で決めることができる」「何ものにも強制されず縛られず、自分の思いのままに人生を生きる」かつ「経済的自由を持っている」人を指すそうです。私はそこに「社会還元」をプラスしています。

すなわちハッピーリタイアをし、必要かつ十分な資産を持ち、海外に住居を移し、愛する家族に囲まれて暮らし、ボランティアなどして過ごす……。

これが、経済自由人の生活です。

経済自由人という言葉が世に広まるはるか以前に、私は50歳でリタイアすると決めていました。経営関係の講演会などで講演する際も「50歳でリタイアする」と、公言してはばかりませんでした。しかし、多くの聴講者が私の言葉を信じていなかったのも承知していました。

それでも準備は着々と進めていました。スペイン・バルセロナの南にあるリゾート地に、リタイア後に暮らすための邸宅まで購入してあったんです。

公言リタイアのちょうど1年2カ月前に、東証一部上場企業の㈱ゲオから㈱ロッキーのM&Aのお話をいただきました。実はその後、別の大手企業が倍の値段で名乗りを上げてくださったのです。

ところが、金額で動かされるような私ではありません。

その企業の方向性や得意分野・不得意分野などを見極め、愛する㈱ロッキーの社員の気持ちも考え、㈱ゲオへのM&Aを決断しました。

実に、降ってわいたようなM&Aだったのです。

「九州・四国地区高額納税者ナンバー1」になった2004年

M&Aによる買収金額は14億円に及び、当然ですが多額の税金を納めました。したがって翌年発表された高額納税者ランキングでは、香川県はもとより四国を超え、九州・四国地区でナンバー1にランク入りさせていただきました。

話は逸れますが、中国地区にはパワフルな経営者がいます。ちなみに、岡山県はベネッセ・コーポレーションの福武總一郎氏と、山口県はユニクロで名を馳せたファーストリテイリング社長兼会長の柳井正氏。さすがの私も、このお二人は超えられませんでした。

株式の売却益以外に社長業としてのそれまでの収入も、退職金もあります。個人的な株式投資や株の配当金なども億単位であり、リタイア準備金として数億円ありました。自由人になるための万全の準備を整えた矢先に、思いがけない大金のプレゼントがあったというわけです。

お金を浪費しない傾向が強い私は、妻に対して徹底的にお金を使いました。正直、「お金を使っても使っても、まだ使い切れない」という貴重な経験をしたのです。

ですから、私自身にはもう、欲しい物がありません（妻たちへのプレゼントは別です）。ある意味、「お金を使う」でもその道を極めることができたと考えています。ところが自由人になるにあたって、ある心配がありました。

38年間仕事してきた私ですから、急に仕事をしなくなったら精神的に不安定になるのでは……などと、少々危惧《きぐ》を覚えていたのでした。

でも、杞憂《きゆう》に終わりました。もっと書けば、人は仕事をしなくても生きていけると、ハッキリと自覚できました。仕事をしないことが、こんなに自由で幸福感を与えてくれるとは、想像外でした。仕事一筋の私でしたから、余計そう感じるのかもしれません。

自由人って、本当に楽しく、幸せに満ちた毎日なんですよ。

「あなたは55歳で死ぬ」の一言で計画が大変更

お察しのいい方なら、「なぜスペインに移住しなかったのか」と思われたでしょう。これは、私のメンターである霊能者の一言で、断念せざるを得なかったのです。

すでに購入した邸宅に住むべくのスペイン行きを、念のために霊能者に調べていただきました。紙に、移住先の「スペイン」と書いて渡しました。すると、

「あなた……スペインに行ったら55歳で死にますよ」

と、静かに言われました。

「ええっ！　せっかく海が見えるステキな4LDKを買っておいたのに……」

しかし、この霊能者の言うことには素直に従おうと決めていました。仕方なくスペインの邸宅は売却し、新たな場所探しに奔走《ほんそう》しました。この方は「どこにしなさい」と指示するのではなく、こちらが提案したものに対して判定を下すからです。

最初は、邦人が2万人も住むタイのバンコクを提出しましたが、却下されました。

その後、次の4点がポイントだったバリ島を出して、晴れてOKになったのです。

1、気候が暖かい。
2、民間人が銃を持たない。
3、オゾン層が破壊されていない。
4、物価が安い（バリは日本の20分の1の気がします）。

こんなドタバタを乗り越えて、バリ島ヌサドゥア地区のタンジュンブノアに、敷地2300坪を購入、3軒の家を建築したのです。

成功者への第一歩は「中学浪人」から

「ごくごく凡人」な私がこんなに大金持ちになって、経済自由人の生活を謳歌《おうか》できるなんて不思議だなあー、と懐疑的になっていらっしゃいませんか。

「ごくごく凡人」であった証明のためにも、私自身について告白しましょう。

私は子ども時代、勉強ができるわけでも特別スポーツができるわけでもありませんでした。どこにでもいる、読書好きな本当に普通の子でした。

ここでちょっと、お断りしておきましょう。

「あの人、頭がいいから」「あの人、運が強いから」「あの人、家柄がしっかりしているから」など、遺伝や環境などについての好条件とは一切、無縁だったのです。

家族は両親に弟の4人。父親はごく普通のサラリーマンでした。しかし遺産相続でいろいろあり、予定外の住宅ローンを抱えざるを得なくなりました。私の家は裕福どころか、むしろ家計は厳しかったのです。

私は高校受験で、滑り止めの私立高校の受験を許してもらえませんでした。

「私立高校なんか行ってもしょうがない」(当時は公立が優位だったのです)と親は言っていたのですが、子ども心に、受験できない本当の理由もわかっていました。

ところがこの高校受験で見事、本命の公立高校に不合格だったのですね。

そこでどうしたか?

やむを得ず、翌年の受験まで夜間高校に通いました。香川県で一番の進学校で、1年間、屈辱の青春を味わいました。だって、初恋の女の子や、中学3年生のときに好きになった女の子が、同じ高校に昼間、通っているわけです。その彼女らが帰る時間帯に、私は帽子を深々とかぶって、学校へ入っていくのです。これは惨《みじ》めですよ。「敗北者」「普通の人のレールから外れてしまった」という屈辱。夜間高校で4年間過ごして卒業するなんて、当時からプライドの高かった私にはできませんでした。

それからは猛勉強の毎日。母に作ってもらった弁当持参で、朝から夕方まで市立図書館で勉強しまくり、夜は学校。帰宅してからもまた、勉強に没頭しました。おかげで、最後は解けない問題がないところまで到達した記憶があります。

翌年、国立工業高等専門学校に入学しました。ここは5年で卒業して短大卒の資格も取れます。本音では二度と受験勉強したくなかった私には、ピッタリの学校でした。

実は、この学校に入った後、それまでの勉強の反動が一気に噴出したのです。バイク・麻雀・女などの遊びに走ってしまい……。まあ、そんなご愛嬌のおまけもありましたが。

とはいえ「中学浪人」。これが人生で一番強烈な体験です。

人間というのは、コンプレックスがない人はいません。必ず、何かしらあると思います。要はそれをバネにして、本人がコンプレックスを払拭《ふっしょく》できるかどうかだけではないでしょうか。乗り越えるためにどんな行動をし、どんな結果を得ればいいのか。いつしか、私はすべての物事に対し、この法則を徹底的に実行してきました。

おかげで今、私にはコンプレックスがまったくない状態です。

そう考えると、この中学浪人という挫折が、私を成功者へと導く第一歩だったのかもしれませんね。

しかしながら、独立起業時も、中学浪人に負けじと波瀾万丈《はらんばんじょう》の幕開けだったのです。

ロッキー第1号店開業トンデモ事件

組織に順応できず、33歳で「お金でなく自分らしく生きるために」脱サラした私です。地元は高松市の今里町で創業の店舗を創るべく不動産賃貸契約を取り交わし、ビデオも1200本ほど買い込みました。レンタルビデオ発祥の地、名古屋で視察したショップの真似をして、床にテレビモニターを埋め込むための工事中でした。そのすぐ近くに同業者が、2倍の規模でオープンしたのです。

「ゲッ!」と思ったものの、当時は勢いと若さのほうが勝っていて、出店をする決意に変化はありませんでした。

ところが……。

なんともう1社、近隣に出店するとの情報が耳に入って来ました。さすがにこれには悩みました。速攻で私の出した結論は「出店中止！」でした。

早速、建築業者に工事中止を指示、不動産屋へ1カ月分のペナルティを支払い、まったくゼロの状態に戻りました。今も同じですが、勝てない戦争はしない主義の私です。

いざ出陣の開業に、出鼻をくじかれたようなスタート。さすがに落ち込みました。でも、とにかく開業しないとビデオもゴミと化します。しばらくしてから、当時の妻の励ましもあり、気を取り直してイチから店舗探しに車を走らせていました。

その日、本来は幹線道路を南へ行くつもりだったのですが、何の因果《いんが》か逆の北方面にハンドルを切っていました。思ってもみない方向を走っていた、その瞬間です。「テナント募集」の看板が目に飛び込みました。当時は鉄骨が数本建っていただけの状態。見た直後に、背中にビビッと電流が走ったような感覚を覚えたのです。

この経験は、後にも先にも最初で最後でした。

私は直感で「ここだ！」って感じたのです。興奮した私は早速、募集看板に書いてあった不動産屋を、その足で訪ねました。そして速攻で手付金10万円を支払い、創業とあいなった店舗がロッキー茜町店です。32坪の、今から考えると本当にちっぽけな店舗でした。

でも、この店舗がなかったら、今の私の成功はなかったでしょう。

創業店舗は現在では倍の規模に拡張し、今でも利益を生んでくれています。

振り返れば、あのときの直感は、私の守護霊である祖父母が教えてくれたに違いないって……。そう、素直に天に向かって感謝しています。

これは誰にでも備わっている能力です。直感をキャッチする能力を自分で大切にしているか、おろそかにしているか。――ただ、それだけの違いなんです。

凡人の私だから「素直で正直にいく」しかなかった

私は凡人ですので、起業後も失敗と挫折の繰り返しでした。

創業店の開店後1年間だけは、24時間営業しました。食事とトイレと風呂以外はずっとレジに立ちっぱなしでした。アルバイトにレジを任せられなかったんですね。よく身体がもったものです。もう、頭は仕事のことばかりでジコチューでした。

ところが不眠不休でどんなに頑張っても、うまくいかないものは、いかない。

もともと一匹狼の気質もあるので、いざ人を使ったり集団の先頭に立って何かをしたりする場合に、自分でやっていたやり方が相手に伝わらない。相手が理解してくれない。たとえ伝わっても、私と同じような結果を出してくれない。

当時の私には、なぜそうなるのかが、わからなかったんですね……。

気持ちが変わったら、行動も変わり会社も変わった！

挙句の果ては、私の人徳のなさで、アルバイト・スタッフ10人近くを同業者にごっそり引き抜かれたこともありました。絶体絶命のピンチ、さすがに青ざめました。そこで死に物狂いで踏ん張り、なんとか閉店という最悪の憂《う》き目《め》に遭わずに済みました。今でこそ告白しますが、この大ピンチをどう切り抜けたのか、記憶が抜けています。

しかし、

確かにショックは大きかったですが、おかげで精神的に打たれ強くなりました。

「なぜなんだろう？　なぜ彼らは辞めてしまったのか」

と、考えました。同じような失敗を二度としたくないからです。

そして時間をやりくりしては本を読み、さまざまな知識を学んでいきました。役に立つと思う部分は吸収し、素直に実践していきました。また、本で学べない実地などは、積極的にその道の先輩方にお目にかかり、アドバイスを頂戴してきました。それらの知識・アドバイスは即、自分の経営で、現場で、実践していきました。

すると、面白いように結果が出るようになったのです。

私の努力に合わせるかのように、だんだんと会社全体も変わっていきました。

ところで、あなたの会社は退職者に対して、上司や所属長（大手企業の場合はここまででしょう）、もしくは社長はどのような態度を取られていますか？去る者は追わずで「あっ、そう」とドライに対処するか、「せっかく目をかけてやったのに、知識と経験を持ち逃げする気か？」と、恨み節で責めなじるか……。

私の場合、気づかぬうちに退職希望者の話をじっくり聞く人間になっていました。そして、その人物が指摘した箇所で、会社として修正すべきと判断した部分はガンガン改善していきました。社長とはいえ、従業員に対し素直で謙虚な姿勢でいくべき場面はあるのです。ある意味、彼らは会社経営の最高のクレーマーですから。ひいてはこれが、会社のためになることがわかるようになったからです。

成功者ほど失敗の必要性を知っている

私は会社経営に関し、ほかにも多くの失敗をしてきました。人よりも多く失敗した分、学んだ量もハンパではないんです。よく、言うじゃありませんか、「挫折の裏側が成功である」って。まさに、それを地でいったのです。

もっと言うなら、私ほど正直で素直な人間はいないと思います。

自分が凡人だって、よーくわかっているから、人や書物から教わるしか道はない。凡人で素直だから、きちんと書いてある通りに実践していったんですね。

勉強すればするほど、現場で生かせば生かすほど、それまでの自分が徐々に変わっていきました。成長したのですね……。こんな私でも、慕ってくれる社員ができるようになりました。店舗も増え、会社の規模も大きくなっていきました。

「すべては、自分の心の持ちようひとつで変わっていくのだ」と、痛感しました。

「気持ちが変われば運命が変わる」とは、私の2つの座右の銘のひとつ。まさにこの言葉通りになっていきました。気持ちが変わることによって、自分の言動が変わる。行動が変わったら、周囲もさまざまに変わっていきますよ。

その結果、私は成功者となり、公言どおり50歳で経済自由人になったのです。

凡人でも、運命は自力で変えられます。その証拠が、「私」という存在なのです。

自分の魅力は与えることで初めて生まれる

もうひとつの座右の銘は「魅《み》は与《よ》によって生じ、求《ぐ》によって滅《めっ》す」です。

言葉の意味は「与えることによって自分の魅力は発するのだ。決して求めてはいけない」。この言葉を知ったのは40歳くらいでしょうか。

お金だけじゃなく、自分の知識や自分のノウハウをも相手に無条件で与えることによって、己に魅力が生じるんです。いや、それでしか人は自身の魅力を構築できない。ならば、自分のノウハウを積極的に人々に与えていこうと決意したのです。

「自分のノウハウを伝え、若手を育成したい」
「若手が1日でも早く成功者となり、自由人になってもらいたい」
そんな思いの延長線上で、2004年2月、㈱エンジェルファンド・アントレスクールという若手起業家を育てるための会社を香川県高松市に設立しました。アントレスクール（創業塾）を月に1回の割合で開催したのです。休憩時間を含み3時間近くの講義です。

講義内容の大枠は、本書で展開する内容と共通しています。スクールとはいえ営利目的でなく、会場費の数百円を受講生からいただくだけ。

それよりも何よりも、アフター5ならぬ「アフター講義」からが私の本領発揮。受講生のほぼ全員を引き連れて街へドッと繰り出し、食べる、飲む。本音トークタイム！　彼らの一番気になる女性の話で盛り上がり……。その後は、高松にある私の自宅になだれ込み、これまた食べや飲めやの大騒ぎ！　2年3カ月でアントレスクールは終了となりましたが、7〜800万円は使ったでしょうか。

いいんです。金儲けではないのですから。

もともと、社会還元が目的で始めたスクールです。まずは、一番お世話になった地元の香川県で開校するのが筋であると感じたからです（今後の開講は未定）。

ちなみに、35歳未満限定で受講生を募ったのですが「どうしても」と懇願され、途中から受講生の1割だけはこの規則外として認めました。すると最高年齢が60歳近くの方も参加。この方、受講後に健康によい有機野菜のネット販売で独立起業しました。時の健康食ブームにうまく乗り、売れ行きは好調のようです。

アントレスクールは地域限定でしたが、本書のような書籍なら全国どこでも、いや世界中に在住する日本人にも、読んでいただくことができます。

そんな意味で本の執筆も社会還元のひとつ。経済自由人の務めであると自負しています。

次章では、真の成功者（経済面&精神面）になるための言葉およびメッセージを31カ条にまとめています。日めくり（1カ月31日分）を意識しての31カ条です。全編オリジナルで、私の過去の成功と失敗の集大成と言っても過言ではありません。

藤田隆志作「真の成功者になるための31カ条」を実践し、精神的自由と経済的自由を得て、真の成功者となってください。

座右の銘
その1

気持ちが変われば、態度が変わる。
態度が変われば、行動が変わる。
行動が変われば、習慣が変わる。
習慣が変われば、人格が変わる。
人格が変われば、運命が変わる。
運命が変われば、人生が変わる。

藤田隆志 作

真の成功者となるための31カ条

第1条

荒利益50％以上の現金商売で、自分の好きな、かつ興味があって得意分野のビジネス起業を目指す。

荒利益《あらりえき》50％以上の商売は、世の中にけっこうあります。

例えば飲食業。この業界の原価は30％前後と言われています。また、物販業でもかなり見受けられます。

荒利が高ければ高いほど儲かる可能性が高いのです。粗利益とも言いますが、これが低い商売は別名「死の商売」と呼ばれています。つまり、「労多くして益少ない」のです。

「死の商売」の代表例は、新幹線の回数券とか商品券等々の金券ショップです。実に粗利益3％から5％前後の商売なのです。忙しいには忙しいのですが非常に益が少ないので、効率の悪いビジネモデルですね。

ところが、金券ショップとはまったく対極に位置する、100％荒利益のビジネスが存在しています。

これはもうおわかりですね。お客様さえつけば無茶苦茶儲かる商売です。例えば、弁護士、会計士、司法書士などの、物品を販売しないビジネスです。極端な話、社長一人でも経営できますから人件費も掛かりませんね。自宅で開業すれば事務所経費も不要という、とんでもなく儲かる商売です。

他に、アメリカでは当たり前のビジネス。例えば「個業《こぎょう》」と呼ばれるビジネスも荒利益100%です。個業とはインターネットを通じての株・為替《かわせ》投資家。すなわち、「トレーダー」っていう職業です。

個人的には、この個業が一番のお勧めですね。だって自宅でパソコン1台あれば出来るのですから。資金も100万円程度から問題なくスタートできます。もちろん自分一人だけですから人件費なんて一切、不要です。パソコン購入費の一部とか事務用消耗品等々の経費も税務署が認めてくれています。

投資ですから、もちろんリスクはあります。しかしリスクの無いビジネスは、この世に存在しません。つまりは積極的にリスクを取りにいかないと、リターンも無いのです。

個業で儲けられる確率は20%と言われています。これは株式投資の場合です。2004年の話ですが、大阪在住の24歳の若者が100万円から株投資を始めて3年で資産3億円を達成しました。これは本として出版されていますから興味のある方はお読みください。

3億は難しいとしても、個業の場合、3年で1億円は可能な数字と考えます。私は個人的に、そのような方と実際にお会いしたこともあります。この方も本を出版しているのですが、旅行がてら私を訪ねてバリ島まで家族連れで来られました。いろんな話も聞かせていただきましたが、投資手法は本当に個人差があります。恐ろしいくらいに違っています。すべては性格と勉強の違いによるものでしょう。

ちなみに私も、株と為替（FX）投資をしていますが、どちらがお勧めかと聞かれると「FX！」と速攻で答える私です。

FXは正式名称「外国為替証拠金取引」と言います。1998年の外国為替管理法改正により、個人投資家が外国為替取引に参加できるようになったのです。FXが個人で取引できることは、起業を目指す方々にとって超ラッキーなことなんです。なぜなら、株取引に比べて安心材料が多く、儲けやすい。株式投資は多くの会社から選択しなければいけませんが、FXの場合、せいぜい18カ国くらいの中からの選択で済みます。その上、国が潰れない限り通貨は安全ですから。

さて、現金商売にこだわるのは、売り掛けビジネス、つまり締め支払いで現金化になる商売は危険が付き纏《つまと》うからです。取引先・お客様の会社が倒産・破産等々をすれば売掛金も一瞬にしてパーですね。いくら売り上げがあっても、これでは儲かるはずがありません。よって私は現金商売にこだわっているのです。

起業される際に頭を悩ませられる一つは、何のビジネスに取り組むかですね。

例外はあるでしょうが、私は「自分の好きなこと」「興味のあること」「得意分野」からビジネスを探すのが王道だと考えています。なぜならば、好きなことは継続しやすいからです。

商売は山あり谷ありです。もう嫌だと思われても、多くの試練が次から次へと当たり前のように押し寄せてきます。その時に、ただお金儲けだけのためにされた商売とか、好きでないビジネスは継続し難く、我慢ができないのです。

好きなことであれば時間が経過するのも忘れ、没頭できます。試練を試練と思わないで済みます。

よって起業の際に選択する商売は「自分の好きなこと」「興味のあること」「得意分野」の中から探すのが一番合理的で、手っ取り早いんです。

FX（外国為替証拠金取引）とは？

外国通貨をわずかな保証金（10万円程度。取引業者によって異なる）で手に入れ、「為替差益」と「利子」の両方を手に入れることができる。手数料が安く、企業（株）でなく国なので倒産の心配はない。24時間取引されており、24時間解約できる。

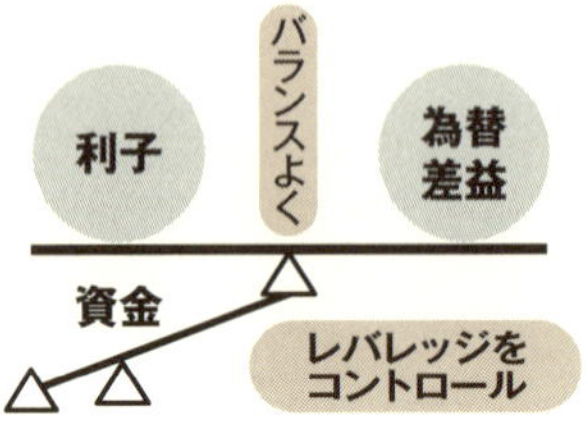

レバレッジとは、「てこ」のこと。これを利用して、少額資金でも多額の利益を得ることができる。例えば10万円の資金でも、最大約300万円相当の外貨の利子や為替差益を得ることが可能。

金利（スワップ）つまり通貨の金利差が魅力。USドルの金利が年 **4.25%** で日本が年 **0.25%** だとすると、**4.25－0.25＝4.0%** の金利差がある。FXでは金利の高い通貨を買い、金利の低い通貨を売っている場合に、この金利差（スワップ金利）を受け取ることができる。毎月、この金利が口座に振り込まれる。

第2条

一生を通じて真の友は、できて2~3人と知る。

あなたの友人の数は、多いんでしょうね。

特に学生時代の友人って、気を許し合って本音の会話をし、遊べます。楽しめる関係です。

今回、私がポイントとして考えている友人とは、単に仲のいい友人とは違います。そう……「真の友」なんです。では、真の友とは、どのような関係を指すのかを説明しましょう。

「自分の持つすべての物を惜しみなく、そして見返りを期待せずに与えられる関係」です。極論を書けば、「この友のためなら死んでもいい！」って関係です。

このような関係の友が、一生を通じて何十人もできるはずがありませんね。

でも、「そんな友人が自分にできればスゴイよな」って、思われませんか？

表面だけの付き合いに終始する、打算的な関係。また実は嫌いって内心では思うのに、我慢して付き合っている……そんな友人関係が多くありませんか？

真の友という関係になるため、そして、ここでいう真の友を作りたければ、まずあなたの友人に対する考え方を変えなければいけません。では、どのように変えればいいのでしょうか。

そのポイントは「無償の愛」「見返りを期待しない愛」です。これが難なくできるようになれば、将来の真の友に遭遇することが可能になるのです。

参考までに、私には真の友と呼べる友が、ありがたいことに一人だけ存在します。ただ、その友が私を真の友と考えているかどうかは不明です。相手がどう思うかは、私にとってはどうでもいいんですね。要は、私が心の底から彼を真の友と思えるかどうかだけが問題なのですから。

その友人を真の友と思えるようになったキッカケを書きましょう。

私が㈱ロッキーを創業して3年くらいした頃だったでしょうか。

当時は創業して数年ということもあり、私自らがカウンターに立って接客をしていた時期でした。そんな状況で、事件は起きました。

仕事上の振る舞いについて、私がある新入社員を注意したのです。その新入社員と仲のよかった気の短い社員がいました。彼がその件を聞き逆上したのでしょうね。自宅から包丁を持ち出して、仕事中の私を刺し殺しに来たのでした。

彼は突然店に現れると、黙ってカウンターにいる私に向かって来ました。そして私の心臓を目掛けて包丁を振り下ろしたんです。

私がとっさに左腕で心臓をかばったのが幸いしたのでしょう。左腕の骨で包丁の先が止まり、そして包丁を抜いた彼が、返り血を浴びながら数歩下がった瞬間です。二人の間にとっさに飛び込んで来たのが、社内ナンバー2の役員でした。包丁を持ち興奮さめやらぬ社員の胸ぐらをつかむと、ズルズルと引きずって私との距離を開けてくれました。そして、落ち着くように彼を必死に説得してくれました。

思えば逆上した社員がその気になれば、役員は無防備な背中を刺されていたはずです。役員は自分の命の危険も顧みずに私の命を救ってくれました。それも、とっさの判断で……。

計算や打算なんてまったく通用しない、一瞬の出来事でした。

私の左腕にはそのときに病院で8針縫った傷が今でも残っています。それ以来、私は彼を真の友だと心に固く誓ったのでした。もちろん彼は私の50歳の引退まで仕事をしてくれました。と同時に、彼もリタイア。今でも時どきですが、彼とは会っています。

あなたが、一生を通じて真の友と一人でもいいから、巡り合えるよう祈っています。

第3条

多くの哲学を知り、
直感を大事にして洞察力を磨き、
常に即断即行を心がける。

さて、哲学とは何でしょう……。

「経験に基づく人生観や世界観などの根本原理を追求する学問」といわれています。なぜこの哲学が必要なのでしょうか。

わかりやすく書くと、真の成功者になるためには、物事の本質を徹底的に知らなければいけないのです。本質とは素材や気質の部分です。表面のメッキや塗装に惑《まど》わされないようにする。人間でたとえるなら、服装や顔・体格などの表面的な部分だけで人の本質を判断するのは愚かだ、ということです。

例として、会社組織を表す言葉で「22対78の法則」もしくは「2：6：2の原理原則」があります。

この数字は、空気の構成比、酸素22％・窒素78％からきています。大昔から変わらぬ空気成分を、現実の世界に哲学として落とし込んだものです。たとえば株式投資の世界で儲けられる方は全体の約22％、等々。

この法則は多くの事例で本質を言い当てています。だから多くの哲学、原理原則を知っておいたほうが物事の本質を知りやすい。その結果、成功者にもなりやすいと言えるのです。

直感とは、実は潜在意識の力。これは多少の差こそあれ、どなたも持っています。潜在意識に関しては別の条（第15条）で詳しく説明します。

過去の経験に基づく直感はけっこうな確率で当たります。成功者は、この直感を非常に大事にします。

洞察力とは、「人の心の中を視通《みとお》す力」です。この洞察力を高めると、どのようになるか……。

会った人の言動を見ただけで、その人の精神的レベル&その人の将来像まで素早くわかるようになります。

洞察力を高める心得は、次の3つです。

1、多くの方が持つ「我《が》」を捨て去る。我がある方は欲が深いので詐欺に遭《あ》いやすい。我というフィルター越しに相手を見るので洞察できません。我を捨てるには相当の年数が掛かって、洞察力を磨くのは簡単ではありません。ある種、選ばれた方のみに与えられる能力と言っても過言ではないでしょう。

2、降りかかって来る苦難・試練から決して逃げずに真正面から立ち向かった方にのみ、洞察力が育まれます。これは多くの修羅場《しゅらば》を逃げずに徹底的に経験してはじめて発生します。でも多くの方は苦しいことを嫌い、避けようとします。成功者になると価値観がまったく変わり、積極的に苦難・試練を受けたいと思うようになります。なぜならそのあとに人と違った幸せが訪れると身をもって知っているからです。昔の武将が有名な言葉を残しています。「我に艱難辛苦《かんなんしんく》を与えたまえ！」って。常識で物事を考えているうちは、成功者にはなれません。

3、命をかけて商売をやり切った方にのみ、洞察力は身につきます。私も命をかけて17年間、社長業をしてきたからわかるのですが、中途半端な方はどこまで行っても中途半端なままなのです。断崖絶壁に自ら立ち、逃げ場をわざと作らない生き方を長年経験した方に、普通の人が勝てるはずがありません。成功者には、多くの方が持つ「甘え」がない。「頼るのは己《おのれ》一人！」って、いい意味で割り切っているんです。ですから他人に期待も依存もしないので冷静に洞察できるのですね。

言葉の最後、即断即行《そくだんそっこう》——。これができる方とできない方がいらっしゃいますね。

常に即断即行したいと願い、努力されている方のみに徐々に備わっていく能力です。

成功者になればなるほど即断即行できるようになります。成功者に遠い方ほど、優柔不断で、何をするにも時間が掛かります。成功者は最悪の失敗を瞬時に判断して覚悟するから、即断即行できるのです。そして、気持ちの切り替えも超速いですね。

ちなみに最悪の失敗を計算しないで即断即行している方を「無謀」って呼びます。

このような方は、「最悪の失敗をする」可能性が高いと考えています。

22対78の法則

会社組織では22%の優秀な社員が、78%の一般社員の仕事をカバーし売り上げを上げている。

ほかにもパレートの法則「80対20の法則」とも言われる。

● 経済社会において

「20%の高額所得者のもとに社会全体の80%の富が集中し、残りの20%の富が80%の低所得者に配分される」

● 製造工場現場において

「不良全体の80%は、20%の原因に由来する」

● マーケティングにおいて

「売り上げの80%は、全商品の20%が作る」
「売り上げの80%は、全顧客の20%によるものである」

哲学

もともとは自然の法則　空気の構成要素酸素22%と窒素78%から生まれた。

第4条

お金を大事にする癖をつける。

資本主義の日本ではお金がないと生きていけません。

でも多くの日本人は、なぜかお金のイメージを汚《けが》らわしいなど悪く持っているようです。そして、これも日本の伝統でしょうか、お金持ちを妬《ねた》む傾向も強いようです。にもかかわらず、心の底ではお金を欲しがっています。

まずは、お金とはどのようなものか、そしてお金に対する正しい考え方を説明しましょう。

お金の定義から――お金とは、自分の人生を豊かにする道具であり、手段です。

ビジネス面で考えますと――利益はお客様からのご褒美《ほうび》です。

以上のような価値観を理解・納得できるようになれば、お金って決して汚《きたな》いものではないということがわかります。お金がなければ困りますし、かと言ってありすぎても困ることはありません。

実際、お金を稼ぐことは大変です。

お金持ちは、お金を大事にするからお金持ちになれたのです。常に大事にするから、継続してお金持ちでいられるのです。お金は、お金を愛し、大事にされる方の元に入って来ます。

反対にお金を忌み嫌《いきら》う方や大事にされない方、お金の病気にかかっている方には、お金は入って来てくれません。入ったとしても、じきに逃げ出してしまいます。

次に、お金を大事にする具体的な方法を書きましょう。

1、お札をきれいに、そして順にそろえる。
変な折り目・シワがついていればきれいに伸ばし、高額紙幣から小額紙幣へと順番にそろえることが肝要です。二つ折りにするのは特に問題ないでしょう。

2、小さなお金を、より大事にする。
この言葉に疑問を持たれる方は多いかもしれませんね。でも事実なんです。小さなお金を大事にされない方は、大きなお金が入って来ても大事にできませんね。

ですから私なんか、道端に1円玉が落ちていたら必ず拾います。小銭は小銭入れで管理します。

また、私の場合は特殊かもしれませんが、お札は財布ではなくマネークリップで管理しています。女性にはお勧めできません。でも海外ではこれが一番安全だと思うからです。カードは専用カード入れで管理しています。詳しくは、お札は前ポケットに、小銭入れとカードケースはズボンの後ろポケットにそれぞれ入れています。もっと書けば日本札と外国札は別管理にして、それぞれマネークリップで留めて前ポケットに入れています。

このように管理しておくと、財布を紛失した場合や盗難に遭ってもカード類を再発行する必要がありません。そんなわけで、ここ20数年財布を買っていません。財布を持たなくなってからは、そんな災難に一度も遭いません。――ご参考までに。


お金持ちは、これらの工夫を積み重ねたあかつきに、それなりの「お金の器《うつわ》」を持つようになります。ではそのお金の器は、どのようにして作ればいいのでしょうか。

実は、お金の器は「貯めるだけ」では、決して大きくなりません。

貯めるだけでお金を使えない方は、本当にかわいそうです……。

経営者でたとえれば、貯めるだけの方は三流経営者でしかありません。お金を有効に使えて二流。一流と呼ばれる経営者は貯めて使えて、さらには自分に続く「人財」を残します。

実は、お金を使えば使うほど、「お金の器」が大きくなるのです。でも、使い切ってしまってはいけませんよ。そして最初の最低1年間は、仕事をしなくても生活できるお金を貯めておくことが肝要です。ここがすべての基礎――要は基盤となるお金を貯め、殖やしながら必要な場面で惜しみなく使っていくのです。

この継続で、お金の器ができていきます。真の成功者を目指すなら、人生を豊かにしてくれるお金を大事にするフォーム（習慣）を形成し、お金の器を大きくしていくことが絶対条件なのです。

お金のフォーム（習慣）の形成

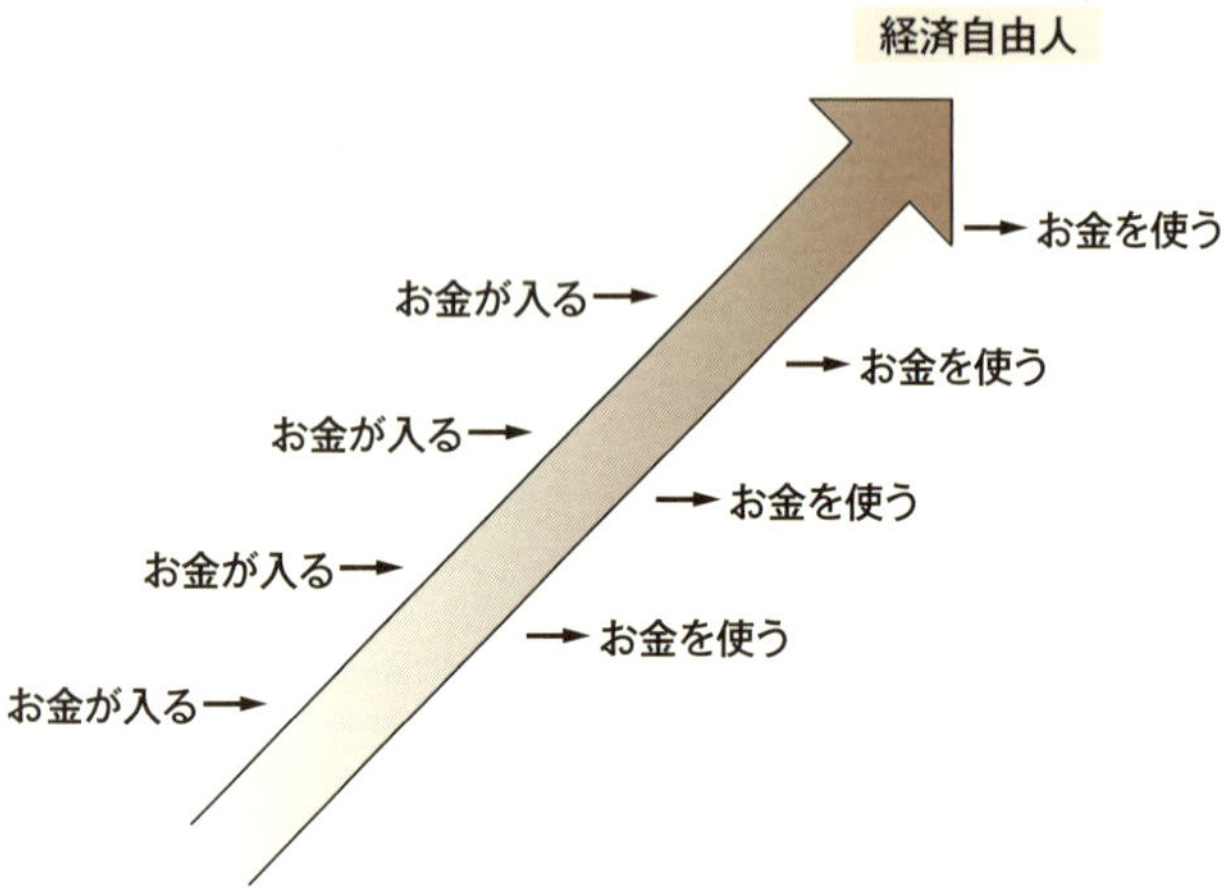

基本姿勢

最低1年は働かなくてもいい貯蓄	＋	その時どきに使い切らずに貯蓄

お金を貯めるばかりではお金のフォームは身につかない。
お金は使ってこそ「お金の器」が大きくなって経済自由人に到達できる。

第5条

己の生まれ持った、一生変わらない気質を知り、己の長所を伸ばす。

性格と気質は違います。

性格とは育った環境・勉強などで後天的に備わっていくものです。気質とは「オギャ〜ッ」と生まれ落ちた瞬間に備わっているものです。

そして、この先天的に備わった気質は一生変化しないと考えられています。気質がハッキリと出る場面とは、言うなれば、断崖絶壁に追いつめられたときです。ギリギリの状態に追いつめられると、人は気質を出さざるを得ないのです。普段、隠されてしまっているのが、気質だと言えるでしょう。

まずは、性格と気質の違いをしっかりと頭に置いてくださいね。

気質は、普通は出現しないので、なかなか知ることができません。ところがよくしたもので、気質の約80％程度ですが勉強で知ることができます。『個性學《こせいがく》』という統計学問がそうです。これは中国の有名な四柱推命《しちゅうすいめい》が母体になっています。古代東洋の「陰陽五行説《いんようごぎょうせつ》」をベースに、膨大なデータ分析を、ある日本人が30年かけて体系化したものです。人の個性を3分類にベース分けをし、12分類、60分類など目的に応じて

720万通りに分類できる、確かな人間分析法です。

この個性學の亜流が、実は一世を風靡《ふうび》した『動物占い』なんです。12の動物にたとえられたこの動物占いは、多くの方がご存じだと思います。ウェヴでも無料公開されていて、生年月日を画面に入力すれば自分の動物名を簡単に知ることができます。動物占いでもけっこう、気質を言い当てることができるでしょう?

生年月日を間違えない限り、その人の気質をズバリ診断してしまうのが個性學なんです。

私が個性學に出合ったのは今から10数年前です。口コミがキッカケで興味を持ち、診断のために講師を会社に呼びました。いくつかの手続き後、いよいよ、私の気質と性格がギュッと凝縮されたA4用紙1枚を渡されたのです。ドキドキしながらそれを読むと、あまりに言い当てられているので驚きました。何人かの従業員に見せると、「社長、これって100%ですね……」って絶句されたくらいですから。

これを機に、個性學を一生懸命に勉強しました。個性學の創始者である石井《いしい》憲正《のりまさ》氏にも会いに行きました。

個性學とは人と自分の違いを知って人間関係に生かすコミュニケーションの極意のようなものです。さらに自分の気質を知り、気質の通りに生きていけば、成功者になれる可能性が非常に高いのです。つまり自分の特質、あるいは長所を知り、それを伸ばすことによって成功者に近づけるのです。

人には当然、欠点・短所があります。しかし、それを修正しようとするよりも、長所を伸ばしたほうが絶対に合理的なのです。それに欠点・短所を修正するには非常に苦痛を伴いますし、年数も掛かりますし……。

それよりも自身の長所を伸ばしながら短所を徐々に修正していくほうが、精神衛生上もよいと考えます。

そして個性學では、生まれ持った能力も判明します。たとえば営業力とか蓄財能力、企画力などの能力です。ビジネスには欠かせない素養のレベルがわかります。

己の持つすべての能力を知るためには、出生時間まで必要です。出生時間は皆様の母上に直接聞くか、あれば自分の母子手帳をご覧になれば、判明するでしょう。

自分の持って生まれた気質と能力を知った方と、そうでない方とでは雲泥《うんでい》の差が生じます。生まれた気質と能力を知った方は――ガラリ、物事の価値観が変わらざるを得ません。人に対する価値観など、すべてが信じられないほど変化するでしょう。

個性學を喧伝するつもりは毛頭ないのですが、騙《だま》されたと思ってぜひ、個性學を一度は勉強してみてください。自分の気質を知って、将来に生かしてくださいね。

第6条

起業してから、経済的成功を収めるに要する目標期間は、10年間とする。

私は経済的成功者になるために、創業してから実に16年を費やしました。

理由は簡単です。経済的な成功者を目指していなかったからです。

もし、今回の教え（成功者へのノウハウ）を起業時に知っていたなら、10年間で間違いなく成功者になれたはずです。これは断言できます。と言うことは、私は33歳で起業しましたから遅くとも43歳には経済的な成功者に到達していたはずです。

もっと明言すれば、「成功者になるには〈成功者になりたい！〉と強く願って10年間」は掛かります。ただしこれはアナログビジネスに関わっている方の条件です。

実は、多くの事例を見ていくうちに発見した法則があります。

成功者の登竜門《とうりゅうもん》であるキャッシュ1億円はアナログビジネスで10年。

インターネットビジネスで5年。株式投資やFXの個業で3年掛かります。

でも、ダラダラと目標も決めずにビジネスを続けても、この年数では経済的な成功はかないません。先ほども書いたように「強い願望を持って」の年数だからです。

もし私が何らかの事情で無一文になったとしましょう。しかし、以前のようなアナログビジネスに参入するつもりはありません。情報起業のような、インターネットビジネスにも参入しません。そう、個業しか選択肢が見つからないのです。だって従業員の雇用や事務所の賃貸が不要で、己の実力と運だけで勝ち残れるからです。もちろんパソコンと若干の投資資金は必要ですが——。

さて、何をなすにも目標を達成するまでの期間設定は必要不可欠と考えます。

目標期間を無設定にすると、その分だけ経済的成功が遅れます。なぜならば、人は楽をしたい、怠けたいと思う生き物だからです。やらざるを得ない環境（断崖絶壁）に自分を追い込み、有言実行で目標を設定・行動すれば、成就《じょうじゅ》しない目標はこの世に存在しません。そのような意味で、どなたでも本気になれば最長10年で経済的成功者になれるのです。ちなみに、このテーマの関連話になりますが……。

私の本妻が結婚前に、ある教育機関で約6カ月の教育を受けました。そこで彼女が気づいたのが目標設定の重要さでした。それで、当時、独身だった彼女は教育終了時の目標を「3年以内に結婚をする！」って設定したのです。もちろん、彼女が強い願望を持っていたのは当たり前です。

さらに社会保険労務士として事務所を経営していた彼女は、私が1カ月に一度開催する経営者塾のメンバーでもありました。「ミラクル経営者倶楽部」として毎月、会場を替えて、よりよい経営者になるための研修を10人程度で実施していたのです。

彼女が「結婚するわ！」という目標を立てて、次の月だったでしょうか……。

ある会場で経営塾の研修中、何の気なしに、ふと彼女を見た私は驚きました。

「えっ……！」

彼女の目が、まるでダイヤモンドのようにキラキラ輝いていたのです。

それまで彼女に対して、個人的には無関心だったのに――です。照明の関係もあったのかもしれませんが、どの女性に対してもまったく感じなかった瞳の輝きでした。あとにも先にもなかった出来事でしたが、これに俄然、興味を抱いた私。すぐに彼女を二人っきりの食事に誘い、なんと！　その場でプロポーズしてしまいました。

後日に考えれば、まさしく強い願望で結婚を目標設定した彼女の気持ちが、彼女自身に大変革をもたらしたのでしょう。それが「心の窓」である目に出てきたのです。

それにあえなく引っかかってしまったのが私。しかも彼女は3年という目標期間よりはるかに早いわずか1カ月ほどで結婚（婚約）という目標を達成したのでした。

でも、まったく後悔していません。だって今日に至るまでずーっと、彼女は私にはもったいないくらいの妻だからです。

強い願望を持って目標設定すれば、どのようなことでも必ず現実化する実話です。

第7条

起業の動機を間違わないこと。

起業で成功するためには、起業の動機が純粋か不純か——これこそが大事です。

純粋とは、第1条でも触れたように好きで興味があり、かつ自分の得意分野であるビジネスへの気持ちです。加えて大切なのは、お客様に喜ばれるかどうかです。

逆に不純とは何か。お金儲けが一番の目的、自己の名誉欲を満足させるためや、目先の私利私欲が目的の起業。これは、不純な動機です。

不純な動機で起業したとしても、ここ一番で、経営者としての粘り・こだわりが出るわけがありません。そんなようでいては、まず会社は軌道に乗りません。運よく、うまくいったとしても、経営者は精神的な満足を得ることはできないでしょう。こんな動機では、真の成功者の資格はありません。起業動機はとても重要です。

参考までに、私が起業した理由を書きましょう。

私は18歳から33歳までごく普通に社会人生活を送っていました。脱サラまでの11年間は、消費者金融企業に9年間、その子会社であるチケットショップに2年間在籍。その消費者金融では、各支店の店長を6年間、経験しました。

「商売がしたい！　イヤ、しなくちゃいけない！」と強く思ったのは、この会社の支店での店長時代。支店の成績を上げることで頭がいっぱいの28歳の初夏でした。

それまでは、「起業なんて別世界の話」でした。ところが、ある日突然、「商売を新たにしなくちゃ、自分は生きていけない！」と、強く感じさせる事件が起きたのです。

この会社は、ある意味、社員思い――。なぜならボーナスは、事前に自己申告システムを導入していました。その年、自店はもちろん社内でも成績はナンバーワンだった私。希望額欄に、恐れることなく「100万円」と書いたのです。今でこそたいした金額じゃありませんが、24年前の一企業では、かなりの額だったのです。

ジコチューの私は「そのくらいは、もらって当然！」と思い込んで、疑いもしませんでした。おまけに、会社だって大儲けしていたのも事実でしたから。

今振り返れば、すでに結婚していましたが日曜日も自分から進んで出勤。おまけに早朝6時から自宅の電話を使って、顧客へ電話をしていました。損得を考えずに「仕事漬け状態」かつ、それが「当たり前」だと思い込んでいたのです。家庭サービスもほとんどないガムシャラ状態、超負けず嫌いな猛烈サラリーマンでした（これは起業してもまったく同じでしたが……）。

さて、問題のボーナス支給日の前日。私が勤務していた支店まで、本社からわざわざ社長と部長がボーナスの査定結果報告を持って来てくれました。

なんと！　その結果は、91万円！

（後日談ですが、役員を除いた社内最高額だったそうです）。

「100万円」しか頭になかった私は、その結果に怒り心頭。社長に対して喧嘩腰で、ガブリと噛みつきました。あと先考えずに口をついて出てしまった言葉は、

「辞めます！」

……もちろん、本気ではありません。私が辞めるって言えば、社長もビックリして希望金額の100万円にしてくれるだろうと、無意識に勝負に出ていたんですね。

だって！　私のように数字をカッチリ上げた店長はほかの支店にはいませんでした。これだけ仕事熱心な社員を辞めさせるだなんて、明らかに会社の損失だろうと考えたからです（これまたジコチューの極みですが）。

それを受けた部長が、途端に、社長の隣で慌てて取り繕いはじめました。

「まぁまぁ、そんなこと言わずに。ワシが再度、社長と検討してみるから……」

私は内心、（そんなの当然でしょう！）と叫んでいました。

ところがその直後。社長の口から出た一言が、私の運命をガラリと変えたのです。

「それなら辞めなさい！」

「エッ!?」

――一瞬、目の前が真っ白になりました。何が起こったのか、わけがわからない数秒間でした。だって社長の言葉って会社組織では「絶対」。部長が、いくら私のために社長を懐柔《かいじゅう》してくれても、社長の一言が覆《くつがえ》りはしないことぐらいは、わかります。

このあと、私の頭の中は超フル回転です。

「待てよ。ここで短気を起こして退職したら、明日からどうやって収入を得よう？就職先もそう簡単には見つからないだろう。見つかっても、またゼロからスタート」

「妻に心配をかけたくない。……でも社長にここで謝るのも正直、シャクだな」

結局、私が出す答えはひとつしか残されていなかったのです。

その場は、「1日、考える時間をください」と渋々言ってなんとか収め、翌日、苦《く》渋《じゅう》の思いで社長に電話をして謝りました。この事件以来、私の性格はサラリーマン組織に合わないと強烈に感じるようになりました。

「生きるために、35歳までに脱サラしよう！」

と、私は明確な願望・目標を持つに至ったのです。そんな私の起業の理由は次の2点です。

1、サラリーマンとしては仕事ができても協調性にまったく欠ける。性格が組織には不適格。
2、自分らしく生きるためにはリスクはあるが、起業しか考えられない。

どうしても35歳までに独立起業できなかった場合は——。もちろん、そこまで想定します。それも自分の運命とあきらめこの会社にしがみつこうと決意しました。

さて、強く思い込んだらスピードが格段に速いのが私の特徴です。その3カ月後には妻の協力を仰いで、雀荘を開業しました。高校生時代から大好きだった麻雀というアイテムをビジネスとし、雀荘の権利を50万円で買ったのです。これが私の商売の記念すべき第一歩。もちろん私は会社を退職せずに開業にこぎつけたのです。

㈱ロッキーが誕生する、約4年前の出来事でした。

私の起業の動機は「自分らしく生きるため」に、尽きました。決してお金が欲しかったわけではありません。ましてや「成功したい！」なんて意識は、皆無でした。

このような起業動機が、結果、大正解だったのです。

第8条

気持ちが変わればば運命が変わる。

ヒンズー教で、こんな教えがあります（出典には諸説あるようですが）。

『気持ちが変われば、態度が変わる。
態度が変われば、行動が変わる。
行動が変われば、習慣が変わる。
習慣が変われば、人格が変わる。
人格が変われば、運命が変わる。
運命が変われば、人生が変わる』

これを略して「気持ちが変われば運命が変わる」となります。「気持ち」を「心」と和訳する表現もありますが、意味は同じです。人の気持ち（性格）は、後天的に備わっていくので変わります。変わって当然です。

一生を通じて変わらないのは、生まれ落ちた時に備わっている気質だけです。第5条でもご紹介した個性學――この統計学問が明らかにしているように、後天的にいくらでも変化するのが性格です。性格によい変化を起こせば、たいていの願いはかないます。まるで物語『アラジンと魔法のランプ』のようですが、事実です。

性格は育った環境、両親の後ろ姿、出会う友人、さまざまな経験や、自身の勉強などによって、いくらでも変化していきます。

でも、この性格をよい方向に変えるのが、至難のワザ。なぜなら人は、安易で楽な道を進みたがる性質があるからです。誰だって、自分にとってシンドイことはしたくないですよね。ですから、性格をよい方向に変えるためには時間が掛かります。普通は一生を通じて、徐々にゆっくりと変えていくものでしょう。

性格を一番簡単に変える方法が唯一、この世に存在します。

自分の人生を幸せに導くメンターを得ることです。そして、そのメンターと常時、一緒に過ごせる環境を作れば、楽に自分の性格を変えられるのです。

もちろん、それには条件があります。

前提条件は、あなたの素直さです。どんなにメンターが素晴らしくても、あなたに相手を受け入れる心が少なければ、意味を持たず、いい結果は出ません。たとえば、私がメンターの一人に教えられた大事な言葉が、「税金は支払いなさい」でした。

それまでは、経営者として税金の支払いを極力避けてきていた私です。だって、一生懸命に働いて、お客様から頂いたご褒美の50％を搾取《さくしゅ》されちゃうのですから。

でもメンターに言わせれば「取られても利益の半分でしょう。全部、取られるわけではありませんし、税金をきっちり支払わないと会社は大きくなりませんよ」と。

それから、私は一念発起して、株式上場を目指す決意をするとともに、きれいに税金を支払おうと気持ちを切り替えました。そして4カ年計画を立てて取引銀行にも提出。4年後の経常利益は実に3億円！　という計画でした。気持ちが変われば運命が変わります。1年目に4000万円、2年目に8000万円、3年目に1億6000万円、4年目に3億円と、4カ年計画をナント！　すべて達成したのです。

多くの税金を支払ったおかげで銀行からの信用は絶大なものになりました。当時の銀行の支店長にも言われました。

「どのようにしたら、こんなに計画以上の数字（実績）になるのですか？」って。

そして地元の高額納税企業ランキングでも4000社中、60位に躍進したのです。

もし、私が「税金は何が何でも支払わない」って気持ちのままなら、この結果は得られなかった。M＆Aの㈱ロッキー買い取り金額も大幅に下がっていたでしょう。

皆様も、性格をよい方向へ変化させていくフォーム（習慣）を作りましょう。

すべては、「変えよう、変えたい」って強烈に思う、己の気持ち次第なのです。

第9条

3人のメンターを人脈に持つことを目指す。

メンターとは「己の将来を幸せに導く師匠」という意味です。

一般的には、自分より年配者になります。そして、〝その道のプロ〟であり、人格者でなければいけません。

なぜならば、メンターのアドバイスには素直に言うことを聞く。これが肝要だからです。人格者でなければ、さすがにこちらも相手の言うことに従えませんから。

さて……3人のメンターとは何を指すのでしょう。

私が考える3人とは——。

「営業」「経理・総務」「未来が見える霊能者」です。

営業面でのメンターは、私の場合、新店舗を造る際のアドバイザーでした。

そもそも店舗商売は、お客様の来店数が命運を左右します。店舗の出店場所を少しでも間違えると大変な事態に陥ります。その土地や立地を見ただけで、将来像がハッキリと見える方が、世の中には実際にいらっしゃるのですね。もちろん私のメンターもそう。この方は某内装業者の社長さんでしたが、迷ったときには必ず一緒に現地に行き、アドバイスを受けたものです。

この方のおかげで私は、そして会社は、どれだけ助かったことか……。

次の「総務・経理」は会社の要《かなめ》でもあります。私は、特に経理方面を苦手としていました。そのような意味で、この「総務・経理」のメンターは、私にとってはまさに神様のような存在だったのです。

実は、このメンターは私のサラリーマン時代の上司でした。

二人が一緒に会社にいた時分は、決して仲がいい関係とは言えませんでした。不思議なことに、なぜか私が独立開業してから親密な仲となり、今日に至っています。

言うなれば、この方がいなければ、㈱ロッキーのM&Aもスムーズに実施できなかったでしょう。こんな形で影となり、私を支えてくれた恩人でもあります。

最後の「未来が見える霊能者」についてです。ちなみに霊能者と占い師とは、次元がまったく違っています。

私は占いを信じていません。占われた後の、よいことだけを信じるのみです。

霊能者とは、私たちが見えない部分を視通《みとお》せる方です。たとえば名前を見ただけで、その人物の性格などをズバリ言い当てることができる方です。

私が信用した霊能者は、ご夫婦で「O－リングテスト」を多用されています。

「O－リングテスト」とは、対象となる物や人に触れつつ、自分の指で作った輪が開きやすいかどうかで、さまざまな状態を判断します。医療の現場でも用いられ、患者さんと、これから使おうとする薬の適応性まで調べられる画期的な診断法です。ところが私の霊能者は普段は農業を営んでいます。あくまで霊能は「見立て」であるとし、決してお金を受け取ってくれないのです。

「霊能者」に関しては、お金を取らない方をお勧めいたします。お金が絡むと、どうしても打算・我欲が出て、その方の言葉に変化が生じてしまいますから。ストレートな言葉じゃないと、このようなアドバイスは無意味だと思う私です。

そして私の霊能者は、別に霊能者が商売ではありません。よって他の知り合いへの紹介を、一切しないで欲しいと厳命されています。ですから、私も他人には紹介しないようにしています。そんな方を、どうやって知りえたのか……。

きっかけは、7年前くらいだったでしょうか。

私の知り合いがある日突然、興奮して事務所に駆け込んで来ました。アポなし来訪で躊躇《ちゅうちょ》する従業員をよそに、私の部屋にズンズン向かって来たのです。

「社長！　なんかわからないけど、凄い人に会いましたよ！」

叫ぶやいなや、実は、かくかくしかじか……と、立て板に水。

そんな具体的な話を聞いた私は、「ピーン！」って来ました。その方は、もしかしたら本物の霊能者かもしれないと——。その知人に本当に無理を言って、なかば強引に会わせていただいたのです。

2004年7月にバリ島に移住が決定したのは、この霊能者のアドバイスからでした。余談ですが、すでに別な国に移住のための不動産を購入済みだったにもかかわらず、です。それでも私は素直に、霊能者の言葉に従いました。

さて、霊能者を紹介してくれたその知人は、私以外はいまだに誰も紹介していないそうです。この霊能者と巡り合えたのは、私にとって本当にラッキーでした。

人間一人の力は、たかが知れたものです。

やはり、多くの方の協力・支援なしには成功できません。なかでも、特にメンターと位置づける方が、いるか、いないかでは、その後の人生に大きな差が出ます。

私のメンターの協力・支援があって達成した大きな出来事は次の3つ。

「成功する店舗立地の選定」「バリ島への移住」&「㈱ロッキーM&A」でした。

これらはメンターがいてくれたからこそ成就《じょうじゅ》できたのです。ありがたいことだと感謝の日々です。

それでは、メンターを得るには、どのようにすればいいのかをご教授しましょう。

禅問答のように聞こえるでしょうが……しかし、この一言で済むのです。

「メンターが欲しいと、あなたが強い願望を持つこと」に尽きます。

究極はこれしかありません。棚ボタ式にメンターが現れるだなんて、まずありません。ただ待っているだけではダメ。積極的に行動して、自分から見つけていくガッツが必要です。常にアンテナを張り巡らせている状態を継続するといいでしょう。

そうしたら……。

不思議なことに、願望は現実化します。あなたのメンターが決定したならば、その方の指示は、すべて素直に聞き入れなければいけません。そう、私のように。

どんなに理不尽だなと思うことでも、です。そうでないとメンターとは呼べません。(騙《だま》されてもいい……)そんな決意で、私は臨んできました。

とにかく「素直に聞き、即、実行!」。少なくとも私はそうして、ここまで来たのです。

以上のことに注意しながら、あなたも、心から尊敬できるメンターをお探しくださいね。

第10条

「ジコチュー80%」から「自己犠牲80%」、「エゴ80%」から「エヴァ80%」を目指す。

「おやっ？」と思われましたか。そう、なぜ「80％」なのか……です。

この値は、「普遍の原理原則22対78」という数値から来ています。

今回の数字80は、正確に書くと78なのですが、わかりやすくイメージするために80にしました。第3条でも引用しましたが、この原理原則についてもう少しお教えしましょう。22とは空気中の酸素の割合。78とは窒素の割合。これは、どんなに時代が変化しようとも大昔から変わらぬ数値なのです。

実はこの数値が、あらゆることに応用されています。たとえば利益の出ている企業と、出ていない企業の割合。お金持ちと、お金持ちではない人の割合。会社におけるお金を稼げる社員と、そうでない社員の割合……など。

そんなこだわりから、この言葉を一条として作りました。ちなみに「エヴァ」はアニメを指してはいませんので、ご了承ください。

さて、本題です。人は基本的に「ジコチュー」の生き物です。

「自分は、ジコチューだなぁ……。何とかして少しでも自己犠牲できる世界に行きたい！」って思われる方は、実はジコチューから脱皮している途中過程にあります。

でも、多くの方が、

「冗談じゃない！　自分はジコチューではない」

そう、強く思われていることでしょう。そのような方が、本当のところ典型的なジコチューなのです。なぜって……自分自身が「見えていない」からです。見えないから反省もできません。

よって、ジコチューから脱皮できないのです。

それではなぜ、ジコチューではいけないのか……。

自己中心的な行動を続けていては、周りの方々が本当の意味で助けてくれないからです。そして、ジコチューは相手にいつか必ず看破《かんぱ》されるからです。人間に生まれたからには、実は皆、相手を見る目は鋭いのです。

ジコチューの方は、それがわかっていません。もしくは人間関係の怖さを知りませんね。ですから、平気で自分の私利私欲を前面に出そうとするのです。

「ジコチューでは幸せになれない」ってわかっている方は、第三者の目で自分を見つめる努力をしています。もしくは、相手の真意、あるいは相手の利益を常に考える癖をつけています。

そうです！　相手に喜んでいただけるような言動が、自然とできるのです（自己犠牲）。

でも100％自己犠牲では、完全なボランティアになります。この項は「真の成功者になるため」で、ボランティアではありません。よって、80％を提案するのです。残り20％は、ジコチューのままでいいと考えます。人は、どんなに頑張っても神様にはなれません。もし、なれるとしたら、己の肉体が滅んでからです。たとえ生存中は神様にはなれないとしても、神の領域に近づくのは可能だと私は判断しています。それが、自己犠牲80％の世界なのです。

何回も書いて強調しますが、成功するためには己一人の力では無理なんですね。周りの方々の助けが、どうしても必要です。その助けを借りるためには、自己犠牲の精神を養わないと困難なのです。

最近、多くの方に出会い、お話しする機会があります。そんななかで「かわいそうに」って思わざるを得ない方があちこちで多数、発生しています。それは――。

1、自分の目先の利益を最優先する方。
2、自分が損するのを極度に恐れ、周りに協調できない方。

3、相手を蹴落《けお》とすために嘘を平気で堂々とつける方。
4、人の褌《ふんどし》で、相撲を取ろう、取ろうとされる方。
5、自分の持つ能力を極力仕舞《しま》い込み、逆に相手からノウハウを取ろうとする方。

ご本人は、それが当たり前と思っていますから変わらぬフォームになっています。自分のフォームの反省など、する気もサラサラないでしょう。

ですから、そんな方は言葉の端々に、ジコチュー言語が飛び出しています。逆に、周りの方々を「甘い！」「トロイ！」って、思われているのでしょうね（わかっていないのは、ご本人なのですが……）。

そんな方に注意しても、反発され、恨《うら》まれるだけでしょう。だから、こちらも注意がなかなかできません。

当然ながら、このような方々には真の成功はあり得ません。

先にも書きましたが周囲から信用や信頼を得られないからです。よって困ったときに周りが助けてくれません。こういう方は何年もかけて小さな失敗を繰り返して、初めて反省に到達するのでしょう……。性格と価値観を変えるしか、方法はありません。

それでも己の姿に気づかず、反省できず、相手を批判・非難するだけで一生を終わる方も、存在するのでしょう。

かわいそうですが、このような方たちを助けることはできません。

人は自分を映す鏡であり、その交友関係を見れば、その方の「魂のステージ」はだいたいの判断がつきます。「魂のステージ」とは、その方の人格の高さだと考えてください。

ところで「エヴァ」とは足立育朗《あだちいくろう》氏（形態波動エネルギー研究所所長）が提唱された言葉で「愛・調和・互恵」といった意味を含みます。ジコチューの代わりにエヴァの精神で、周りの方々に、自分のできる限りの力で喜びを与えましょう。

そのためには、経済力も必要です。

経済力を得るためには、当たり前ですが、お客様に喜ばれる本物の商品・サービスを提供しなければいけません。その結果、得た金銭は決して恥ずかしいものではありません。当然のご褒美です。あなたの汗の結晶だと、誇りに思われていいでしょう。

そのお金で、お世話になった方々にご恩を還元するのです。

結果、あなたは押し上げられるようにして真の成功者となることでしょう。

第11条

自社の日本型M&Aを常に意識して起業、経営努力をすること。

成功者になる近道は「起業」です。この教えは何度でも、繰り返します。つまり会社の社長となり、リスクに挑戦して顧客に喜んでもらい、その結果、ご褒美としての金銭・信用・信頼・尊敬を受け取るということです。

成功者への近道にM&A（企業の合併および買収）があります。

これは、自社を他社から見て魅力的な会社に築き上げ、高値で売却するのです。大型スーパーマーケット業界、コンビニエンスストア業界、銀行業、情報通信業などで大型の事業再編・M&Aが盛んに行われていますね。

「魅力的な会社に築き上げ、高値で売る」って文字で書くといとも簡単ですが、「ローマは1日にしてならず」。この諺《ことわざ》どおりに、それなりの年数が必要です。

最短でも5年、長くて10年のスパンで考えるべきでしょう。最近は起業時から、株式上場を狙っている方がいますね。これは正解でしょう。M&Aも、考え方は同じです。起業の際から、将来のM&Aを意識した展開を考えるべきです。具体的に「○年後にM&Aするぞ！」って、強い願望を持てばいいのです。

そうすることによって、すべてがガラリと変化します。

まず、従業員の雇用形態も変わらざるを得ないでしょう。責任が重い正社員雇用ではなく、派遣社員中心にしたりアルバイト中心にしたり。そのための教育係も適任者を選出しなくてはなりませんね。経営上の必要な借金も、多すぎてはＭ＆Ａしてもらえない可能性が出てきます。注意して慎重に金額を判断するようになります。

Ｍ＆Ａをする前に立ち止まってみてください。もし、あなたについてくる、愛すべき社員ができたとしましょう。基本的に男性です（女性には、やはり結婚・出産という避けて通れない大切な任務があるので……男性と同じ感覚でなくてもＯＫです）。その際は、すべてを売却してはいけません。その時点で事業部を最低3個は設置しておきます。2個をＭ＆Ａし、1個はその社員のために残すべきでしょう。

なぜ、そんなことをするのか。

アメリカ人であればいざ知らず、日本人は「お殿様」が基本的に好きなのです。アメリカ流Ｍ＆Ａで血も涙もなくすべてを売却してしまう――これは日本人には馴染《なじ》みません。逆に反発を買ってしまいます。

私が㈱ロッキーで実行したＭ＆Ａは、こうです。ひとつの非常に将来性のある事業部を売却せずに残しました。これは、「私について来たい！」と思ってくれた社員のためです。さらに、ひいては私の将来のためでもありました。もちろん経営上のリスクは常に付《つ》き纏《まと》いますが、私にだって定期収入が入って来るのですから。年金がいただける年齢ならこんな冒険はしません。45~50歳でリタイアするためには定期収入が不可欠。そのためにも将来性のある事業部を存続させるべきです。

次に、M&Aで得るべき金額はどのくらいか。

最低でも手取りで3億円、できれば5億円が望ましいです。それを意識しての企業展開および経営を考えましょう。

日本ではM&Aが真っ盛りです。この傾向はさらに強まるはずです。なぜなら、自然の摂理だからです。買い手は、自社のスケールアップとシェアの拡大というメリットがあります。売り手側のメリットは借金が棒引きされ、大きな金銭の確保がありま す。

成功者になる一番の近道が自社のM&Aなのは、以上の理由からです。

注力すべきは、M&Aしてもらえるだけの企業体・企業パワーにすること。この目標を起業時から意識するのとしないのでは、結果は雲泥《うんでい》の差になってしまいます。

できれば起業時から自社M&Aを意識して、未来の栄冠を勝ち取ってください。

第12条

失敗に対し、
後悔するのではなく反省をして
繰り返さないように努める。

後悔とは、すでにしてしまったことが終了したあとで悔やむことです。

諺で「後悔、先に立たず」と言いますね。何かことを起こす最初から、後悔する方はいないって意味です。

反省とは、自分の過去の言動を顧みて掘り下げていく作業を指します。

真の成功者になるためには——。自分が起こした失敗やマイナスだった結果の原因を自分に探り、問題点を見つけ反省しなければいけないのです。

多くの方は失敗の原因を自分に求めず、「何か」を原因にします。何かとは、時間・相手・物……など。なぜ、何かが原因だと思いたいのか——。多くの人は自分が一番、好きであり可愛いんですね。ですから可愛い自分を反省したくない、何かのせいにして、自分を反省できないのです。

私は自他ともに認める超行動派男性です。

行動すれば当たり前ですが、多くの失敗体験をします。小さな成功体験もします。

ところが、起業できない多くの方に共通する傾向があります。それは私と逆で、失敗を極度に恐れて行動しない、行動できないというものです。

　誰だって、普通は失敗などしたくないんです。でも、商売で100％成功するという保証はどこにもありませんね。「たぶん成功するだろう……」「何が何でも成功させる……」などの理由で、起業するわけです。

　でも私の場合は……。私が脱サラするために、11年間お世話になった会社を辞めるときに、次の2つを固く誓いました。

　1、自分らしく生きるには、この道しかない。
　2、とにかく、あとで後悔しないように、日々全力で進もう。

成功したい、お金持ちになりたい、などと考える余裕もなかったのです。もちろん、「失敗」も考えませんでした。

　失敗するかも……というネガティブな想いを少しでも持つと、恐ろしいことにマイナス方向に進む可能性が出てきます。無意識にブレーキがかかり、行動も制約されてきます。

　よって一度、ことを起こせば、ネガティブな事柄は考えずに、とにかく前に進まなければいけません。突き進んでいくうちに、「アレッ!?」って思う事態が発生しますね。その時になって初めて対処法を考えるのです。

つまり、走りながら考え、そのつど修正していけばいいと思ったのです。

これが私の手法であり、今も継続している成功哲学です。

失敗と反省……私には、どうしてもできない失敗がありました。

20代後半。自分の性格が協調性を必要とされるサラリーマンに向いてないことを、イヤと言うほど経験した私でした。それで「商売するしか生きる道がない！」と思い込みました。

ただ、創業資金として借金3500万円をドーンと背負った瞬間に思ったのは、「もし、支払えなくなったときは自殺して、その生命保険で返すしかないなぁ」ってことでした。最終的には借金は実に5億円に上りました。この間ずっと掛け捨ての生命保険を掛け続けていた私です。

金融関係の仕事をしていましたから、自己破産って手段があるのは百も承知していました。しかし、なにせ親が家・土地を担保として提供してくれていたので、それもできなかったのです。もし私が自己破産したら、親までもが路頭に迷うことになりますから。

「ダメになったら死のう！」

……もう、これしか思わなかったのですね。

ですから、私の17年間の社長生活は、常に、生と死が隣り合わせの状態でした。当然、危機意識の塊《かたまり》です。一瞬、一瞬が常に必死でしたから、人に嫌われようが、誤解されようがまったく平気でした。

とにかく日々、全力でいい結果を出すことしか考えなかったのです。常に突撃隊長として会社に君臨し、ある種、非常識きわまりないムチャクチャの世界を駆け抜けたのです。

まさに「狂気の世界」って言っても過言ではなかったでしょう。

私のような凡人は、そのくらいじゃないと成功なんて、できるはずがありません。命がけで取り組んだからこそ、今があるんだと思います。

さて、本題に戻りましょう。

失敗という言葉のイメージがよくないのですが、実は人の成長に非常に大切です。失敗は、自分に多くの経験と気づきを与えてくれます。行動すれば失敗の経験をするのが当たり前なんですね。もっと書けば、失敗すればするほど、成功に近づけるのです。

真の成功者になりたいのであれば、失敗に対し後悔せずに反省して、己の軌道修正を図るフォームを形成することが肝要です。

失敗について、今だから書けるお話を最後に……。

蛇足《だそく》ですが、私はバツ4です。

今では離婚した事実を失敗だとはまったく思っていません。

しかし、同じような理由で離婚を4回も繰り返してしまいました。これに関しては、恥ずべきだったと考えています。

思うに、反省が足りなければ繰り返してしまうという典型的な出来事でしたね。

ただ、反省して軌道修正できた私は、もう二度と同じ失敗を繰り返すことはないでしょう。

第13条

してはいけない失敗は
「個人の死」と
「会社の倒産」のみである。
それ以外の失敗は
数多く経験すること。

あなたは、失敗を極度に恐れていませんか。そんな方がとっても多いようです。失敗をするとショックを受け、落ち込みます。果ては自信を失い、自己嫌悪に陥ったりもします。ですから失敗したくないという気持ちは、よーくわかります。

でも人生って、「多くの失敗を経験して反省する」、この繰り返しではないでしょうか。大切なのは「同じ失敗を繰り返さないようにする」。これに尽きると思います。「失敗・反省・注意……」この反復行動が大事ではないでしょうか。この蓄積が、ひいては失敗を受け入れる土台となり、成功へと近づいている証《あかし》なのですから。

つまり、「失敗した者勝ち」なんです。

これを皆、頭ではわかっています。でも実際問題として失敗を恐れる方がとても多いのです。だから成功者になれないんですね。成功者の前提として「失敗する」という経験が必須なのですから。

私の場合は、個性學では生まれ持った気質の約70パーセントが「挑戦型」です。失敗を恐れない気質を、生まれ落ちた時点で、すでに持っていたのです。

そのおかげで、人よりも失敗を恐れず常に体当たり！　で、今に至っています。失敗を恐れないという意味では、まさに経営者に「なるべくしてなった」気がしています。

でも、私のこの気質も問題あり。組織に順応できるシロモノじゃなかったのです。ことほどさように、世の中はうまくできていますね……。

さて、そんな私でも失敗を恐れるケースが2つばかりありました。「会社倒産」と「自分自身の死」でした。まあ、どちらも同じような類だと言えますが……。

会社を倒産させたら、本気で首を吊って死のうと思っていました。もし、何らかのアクシデントで私が死んだとしたら——。従業員には申し訳ないですが、私が不在の会社ならば、いずれなくなるだろうと想像できたからです。経営に失敗して、再びサラリーマンとしておめおめ生きていきたいとは微塵《みじん》も思わなかったのですね。

それほど私のプライドは高く、会社への価値観・思いが、強烈だったのです。善し悪しは別として、「倒産＝自身の死」は、揺るぎのない信念と化していました。

あなたが経営者になったなら、「個人の死」と「会社の倒産」の2つの失敗だけは、どうしても避けなければなりません。

経営者でなくても、できれば自殺だけは避けたほうがいいでしょう。せっかく親から授かったあなたの命です。それを粗末にしてはいけないのは当然ですから。

最近では借金の際、生命保険の加入が認められなくなったようですね。「自分の死で借金の相殺《そうさい》」ができなくなるようです。まあ、私の価値観（会社を倒産させれば自殺する）は、極端です。例外だと思っていただいてもけっこうでしょう。

でも、己の貴重な命を失いたくないから、死を恐れるからこそ、とことんやったのです――会社を倒産させない努力を。「この場所に出店したら、万が一、会社が倒産するかもしれない」。そう分析し考察した場合には、多くの知人に会いに行きました。徹底して、その対応策を聞きまくりました。要は、慎重に行動したのです。その結果、基本的に失敗の可能性のある出店は、一度たりともしませんでした。

だって、死にたくありませんから――。

そんな気持ちで社長業をずーっと続けていました。したがって、㈱ロッキーのM&Aで晴れて経済自由人の仲間入りをさせていただいた瞬間、一番、嬉しかったのは、「自殺しないでリタイアできた……」

この一言に尽きるんです。嬉しさが込み上げると同時に、肩の力も少し抜けたのを覚えています。企業買収で入った莫大なお金に対する嬉しさなんて、二の次もいいところでした。この思いは、経験者でなければわからないかもしれませんね。

第14条

死は天命と悟り、日々全力の姿勢を貫き、後悔しない人生を送る。

いつの頃からでしょう。

ハッキリとは覚えてはいませんが、私は「死は天命」という価値観を持っています。

天命とは、天から与えられた寿命を全《まっと》うしたときに、死が訪れるという意味です。

若い頃は、多くの方と同じように死というものに多大な恐れを抱いていました。

そして親戚・身内のお葬式、特に火葬場に行くのは非常に嫌な行事でした。

でも、命がけの経営者生活を続けていくうちに、そして自分の同級生や年下の経営者の方々の死を見聞きするうちに、価値観に変化が生じて来たのです。

人は生まれたときも一人なら、死ぬときも基本的に一人です。

そして、早いか遅いかの違いで、人にはいつか必ず死が訪れます。

平成16年の年簡易生命表（厚生労働省）によると、男の平均寿命は78・64歳、女の平均寿命は85・59歳だそうです。私は78歳までにあと25年以上もあるんですね。

たとえ平均寿命以上に生きることができたとしても、植物人間では生きている価値がありません。己の身体の健康を、ただ祈るのみです。

未来のことは基本的に誰にもわかりません。

しかも今の自分は、生きているのではなく「生かされているのだ！」ってことも知りました。これは詳しく書くと長くなるので省かせてくださいね。

せっかく「生かされている」のならば、「今」を「全力」で生きなければ損だと考えた私です。

自分よりも若くして亡くなった方を思えば、自然と天への感謝の気持ちが生じます。そんな方たちと自分の今までの人生を、ふと、比較してしまいます。そして私には、いまだ人としての使命・役割が残っているに違いない、とも思えるようになってきました。

以上の理由で死を恐れなくなったのです。

月日の流れで肉体年齢がどんなに進もうと、精神年齢はその方の勉強と努力で年は取りません。むしろ、努力次第では精神を若返えさせられるんですよ。本人の精神力で、いつまでも若々しく生き、人生を謳歌《おうか》することは可能なんです。

実際、今の70歳前後の方は、非常に元気な方が多いのではないでしょうか。

私の実父は77歳ですが、いまだにムチャクチャに元気です。昔は毎日、早朝から10キロほど、強歩で歩いていました。今は、腰の調子が悪いらしく止めていますが。また基本的に精神力が強いのでしょう。私のメンターである霊能者を父に紹介したら、「人の数倍の生命エネルギーを持っていますね」って言われました。

そんな父ですから、年齢から考えれば老人なのでしょうが、現実はとてもとても、老人には見えませんし思えません。恐らくですが80歳は余裕でクリアするでしょう。

織田信長の時代に「人生50年」って言われていたようですが、時代が変われば「人生80年」です。いずれ、「人生１００年」って時代が来るのかもしれませんね。

それでも寿命はあります。これを念頭に置き、日々できる限り全力の姿勢を貫けば、その肉体が滅ぶときでも後悔せずに済みます。

そのような人生を歩んでいきたい——と、考える私です。

追記　この原稿を書き終わってから、ある若者が事故で亡くなりました。彼はまだ32歳で、私が主宰するアントレスクールの卒業生でした。死の数週間前に待望の第一子が誕生したばかり。自身の商売拡張の準備も万端で、まさに「これから」という局面でした。「その方の使命・役割が終了してから訪れる天命」とは、あまりに違いすぎる死。正直申し上げて、それまでの価値観に疑問がわいてきます。今回の件も参考にしつつ、死の本質を極めていきたいと考える私です。

第15条

自分に起きるすべての物事を
プラス思考でとらえる
精神力を持ち、
潜在意識のパワーを知る。

生きている限り、人は日々、多くの体験をします。成功者は、いかなるときでも自分に起きる物事をプラスでとらえます。有名な質問がありますね。

「あなたは砂漠にいます。最後の水がコップに5分の1入っています。あなたはそれをどのように感じますか……」

これに対して「5分の1しか残っていない」と感じるのか、逆に、「まだ5分の1も残っている」と感じるのか。当たり前ですが、成功者は後者のタイプです。

でも完璧に考える必要はありません。最初の感想が前者でもいいんです。即、後者の考え方に修正できれば問題ありません。だって現実に私が、そのタイプです。こんな癖が身につくと、己のフォームが変わってきます。あらゆる局面で、プラス思考になっていくのです。

一方、物事をマイナスでとらえる癖がある方は、大きなリスクに見舞われると、チャレンジしなくなります。その結果、失敗はしないかもしれませんが、成功もあり得ません。多くの方は、動かなければ一歩も前進しないと頭では理解できています。しかし実際には怖がってチャレンジしないのですから、成功者にはなれません。

自分に起きる問題は、実は神様が与える試練だと思ってください。試練はすべて乗り越えられます。乗り越えられない試練は、実はやって来ないのです。この事実をハッキリと知っているのが真の成功者です。怖くても、逃げずに立ち向かっていけば、ア〜ラ不思議、自分が思うよりも簡単に解決しちゃうのです。問題に対して逃げ腰の方は成功者になれません。

次は潜在意識のパワーについてです。潜在意識は、よく氷山にたとえられます。海に浮かんでいる部分が氷山の11分の1で、これが顕在《けんざい》意識です。逆に海に沈んで見えない11分の10の部分が潜在意識だと。もっと簡単に書くと、過去の経験で忘れていることをしまい込んでいる「ブラックボックス」が潜在意識なんです。

普段は意識から外れているのですが、何かのキッカケで勘となって出て来ます。ですから潜在意識とは何かをご存じの方は、「フッ!」と湧き起こった勘を、非常に大事にします。私は「心の声」とも言っています。心の声に忠実に進んだほうが成功しやすいでしょう。

何かをなす場合、理論的にはどこからどう考えてもうまくいくのに心の声は「否!」と叫んでいる……。そんなケースは中止したほうがいいのです。

あなたもふと、忘れ去ったはずの過去の経験が脳裏によみがえり、「胸騒ぎ」を覚えたことがありませんか。これも潜在意識のなせるワザなんです。このような漠然とした、大げさですが啓示《けいじ》のようなものって、それに従ったほうが吉と出るんですね。

さてこの潜在意識。始末が悪いことに、顕在意識よりも容量がデカイ。だから潜在意識をマイナスとして意識下にしまい込んでいれば、いくら顕在意識がプラスでも潜在意識のマイナスに引っ張られてしまうんですね。

綱引きを思い出してみてください。圧倒的に、マイナスの引き手のほうが多いんです。だから「自分はこれをうまくできないかもしれない」とマイナスに考えると、結果も本当にうまくできずに失敗してしまうのです。

そのためにも不安や恐怖心を持たないようになるまで勉強・努力をしなければいけません。常にプラス思考の方は、潜在意識もプラス、顕在意識もプラス。よって、凄まじい好循環&パワーとなり、成功の道をひた走ります。

さらに類は友を呼ぶで、プラス思考の方はプラス思考の友人を多く持つようになります。付き合っている友人を見れば、その方をだいたい判断ができるわけですね。

潜在意識の存在を知り、それを自由自在に使いこなせれば、まさに天下無敵と言えるのです。

第16条

自分は成功するだろうし、必ず成功できる、と思うこと。

成功者といっても、皆、性格と気質が違います。

あえて共通点を探すとしたら、次のただ一言でしょう。

「自分は成功するだろうし、必ず成功できる!」って信じて、微塵《みじん》も疑わない――。

なぜ、成功者はこの信念を持ち続けられたのでしょうか。

これは顕在意識と潜在意識がピッタリくっついている状態です。顕在意識と潜在意識が合致すれば、何かことを起こす前に、まったく迷いが生じません。なぜか、不安な気持ちも一切、生じないのです。

人間とは不思議な生き物で、その人の想いひとつで、自分の思った通りの未来を創造できます。これは、普通はコントロールできないと言われる潜在意識を訓練し、努力して手なづけられた人が実現しています。

成功者と呼ばれる人。その全員が欠けることなく行動したのは、心の底から潜在意識の活用を理解して、それを実行したからです。もしくは無意識で、あるいは知識のないままで、この潜在意識の活用ができた方です。

ここまで読んだあなたは、「そんな馬鹿なッ！」「ふ〜ん……。なんかヤバイ話？」などと思われたかもしれません。

そのような気持ちなら、これ以上読み進めても意味がありません。ズバリ、あなた自身が気持ちを改めない限り、成功者の仲間入りは不可能です。そうではなく、「そうかッ！　ナルホド！　そうなんだ!!」と、素直に感動された方のみが、成功者へのステップを上っていけるのです。

この理由を説明しましょう。

あなたが起業するシーンを想像してください。マイナスな気持ち、たとえば、「このビジネスを起業して大丈夫だろうか……」「もし、失敗したら惨めだろうなぁ」「うまくいかなければ恥ずかしい」との思いが少しでも胸に去来したら……。そんな方が、成功できるはずはありません。

以前にも触れましたが、私の起業時について書きましょう。

私が33歳で独立起業する際に心にあふれたのは、「何が何でも成功するぞッ!!」という気持ちだけ。それしかありませんでした。

告白しますが、当時は成功哲学を勉強していたわけではありません。さして知恵があったわけでもありません。誰にも教えられなかったのですが、マイナス感情（失敗したらどうしよう等々の感情）は一切、湧いて来ませんでした。

「この仕事を軌道に乗せるしかない。これっきゃない！」って、心境だったのでしょう。迷いもなければ余裕の気持ちもまったくない。大金持ちになりたかったのでもありません。ただ、「目の前の案件を、全力でやり抜くしかないっ！」だけでした。

あと戻りできるのは、己の死によってのみ。自己破産もできない重い借金の件は、第12条でも書きましたね。代償は己の生命保険の保険金だけでしたから。

当たり前ですが、死ぬのはイヤです。もう前向きに頑張るしかありません。

とにかく後悔したくなかったのですね。

だから、脇目もふらずガムシャラに突き進み、結果的にうまくいったのです。

もちろん頭がいいとか、学歴がどうのこうっていう次元ではありません。己の命をかけた、文字どおり「必死の世界」で生きていたのです。

人の持つ「想い」や「信念」は、恐ろしいくらいの目標達成のパワーがあります。

それを会得《えとく》した成功者は万が一、無一文になり下がっても、また復活できます。強く想えば必ず成就できると、熟知しているからです。そのような意味で、成功したいならば「自分は必ず成功者になれる！」と、強く強く想われてくださいね。

これが成功者と一般の人との最大の違いですから。

第17条

素直・謙虚・感謝の気持ちをいつも忘れず、人と接する。

「素直・謙虚・感謝」のうち、一番重要なのは「素直」です。

素直な方は急成長できます。

もちろん、よいメンター（人生を幸せに導く師）を持っている方に限りますよ。

よいメンターは、成功への最短距離を知っているのです。

その最短距離は、一般常識とは違っているケースが多々あります。多くの方が当たり前として考える常識にとらわれていては、成功できるはずがありません。常識を知るだけで成功できるのであれば、日本の全成人が成功者になっているはずです。そんなはずは……ありませんよね。

素直でありさえすれば、非常識なことでもスムーズに受け入れられます。メンターの破天荒な行動や教えも、すんなり吸収できる素地ができているんです。そしてその教えに従い、結果が出たときに本物の気づきとなり、成功に近づいていくのです。

よいメンターかどうかは、その方の実績・結果を見れば一目瞭然です。

「素直」について、お話ししておきたい事実があります。

私は2年3カ月間、若者の起業のための勉強会を開催していました。その「アントレスクール」の最後のほうの時期でした。講義でFX（外国為替証拠金取引）を受講生全員に教えました。もちろん、私流の負けない投資術を惜しみなく大公開です。これを素直に聞いていた方は、結果として全員が儲けています。スクール終了後も受講生たちと交流があるので、こういった情報が今でも入って来ます。

でも、〝自己流〟でFX投資をされた方は苦戦しているか、損失を出しています。全員に対して同じように教授しても、素直に聞く方、聞かない方の差は非常に大きいという実例です。

私の自衛隊時代の話も書いておきましょう。18歳のときから2年間在籍しました。所属は香川県善通寺市の施設部隊。ある日、無線通信の教育部隊に6カ月間、配属となりました。その部隊は40人の編成でした。ズラリと整列した私たちに向かって、総責任者である中隊長が開口一番にこう言ったのです。

「皆さんに、これだけは厳命します。とにかく素直に講義を聞いていただきたい」

私も若かったのでしょう。

この言葉には、少なからず反発を覚えたのです。

「私をロボットにしたいのか！」って。

でも、6カ月後の終了時には、何となく素直さの真意が理解できるようになっていました。「素直でないと、新しい知識は十二分に吸収できない……」と、身をもって体験したからです。

「謙虚」であれば、人から大事にしていただけます。

目上、目下、どのような方であろうとも、心から謙虚な自分を形成しておけば嫌われることもないでしょう。そして尊敬もされます。

「感謝」って気持ちも非常に大事です。

感謝の気持ちは相手にしっかりと伝わります。

感謝の気持ちを忘れた方に幸せはやって来ません。

以上の3つの気持ち、「素直・謙虚・感謝」を実行された方は、実行の分だけ応援と協力者が増えることでしょう。

人間は自分を取り囲む方々の応援、協力なくして成功者にはなれないのです。

第18条

成功の入門は
1億円の個人流動資金だが、
3億円を得れば安全地帯。

私を変えた1冊の翻訳書がありました。タイトルは忘れましたが「成功者になるにはまず100万ドル貯めよ」とありました。すなわち、ざっくりと1億円です。

これがキッカケで38歳のときに「1億円何が何でも作るぞーッ！」と一念発起。それから11年掛かりました。晴れて49歳の始めに、1億円のキャッシュを得た私です。

でも、守銭奴《しゅせんど》になって貯めたつもりはありません。もし守銭奴になっていたら、もうちょっと早くに手にしていたでしょう。ましてや、アナログビジネスは10年間で成功できると知っていたならば、43歳くらいで1億円が手に入っていたはずです。

私の場合はこの個人流動資産1億円を得てから、ご縁があったM&Aを実行し、3事業部中2部門を売却して、今日に至っています。

さて、とんでもないお金を得た私は、慎重かつ大胆に使いまくりました。お金は、自分の人生を幸せにする道具であり手段です。

だから「使ってナンボ！」って考えています。

一瞬でしたが、「使っても、使っても、お金が減らないなぁー」って貴重な体験もしました。数カ月間で、今の妻には、3000万円くらいのお金を使ったことも。一流のブランド品も車も、すでに欲しい物はありません。でも悲しいことに新商品が出てきますから、そんななかで目を引く物があれば……つい、購入しちゃいます。

以上の稀有《けう》な経験を踏まえてズシンと感じたこと。それが、今回の一条です。成功の入門金額は1億円ですが、経済自由人として必要な金額は、3億円です!

これだけあれば、仕事をする必要はありません。自由人としてのボランティアも十二分にできます。「人のお役に立つ自分」になれるのです。

極論を書けば、キャッシュで3億円以上は必要ありません(欲をかきすぎては自滅します)。この数字は1年間の生活費と残りの生存年数を計算すれば出てきます。ただし、「普通の生活をして……」という条件でのお話です。

さて私は、個人資産を株とFXに投資しています。投資によって得た利益のみを使う範囲と決めていますのでストレスなし。さらに人財投資をボランティアとして実施しています。思うに、経営者の投資の方法は、次の3つに分かれるようです。

1、三流の経営者はお金を貯めることのみに注力してお金を使おうとしません。

2、二流の経営者はお金を貯めつつ、必要な部分と思えば有効な消費ができます。

3、一流の経営者はお金を貯めつつ、消費も有効にでき、自分に続く成功者を創ります。

私が主宰して2年3カ月継続した「アントレスクール」（創業塾）では、受講生に、実際に1億円のキャッシュを見せました。1億円のイメージを持たせる教育の一環です。人は自分の目で見ることにより、現実味が増すと思ったからです。

1億円といっても1000万円の札束ブロックが10個ですから、そんなに「スゴいなぁ～」ってイメージではなかったかもしれませんね。受講生にとっては……。それでも「百聞は一見にしかず」です。見ないよりは見ておいたほうがよかったのでは、と考えています。

経済的成功を収めなければ、人間として「真の力」が発揮できません。

お金ができれば、夢も広がるし価値観も自然に変わってきます。お金持ちになれば、お金の使い方は必ず変化します。それが自然の摂理《せつり》です。

これを読まれて、「よ～し！　私もやるぞ!!」って思われたあなた！

「強烈な願望は必ず現実化します」——私がいい例。これを信じて疑わないこと。

あなたの10年後の吉報、成功報告をお待ちしています。

第19条

精神的成功は、
まず、
経済的成功を得てからあととなる。

「命がけ！」「ガムシャラ！」

商売で成功しようと思うからこそ、こんな言葉を私は好んでよく使っていました。ここぞ、という勝負時に、この言葉は生きてきます。そのような心構えになったときに、さらにテンションを維持し、継続できれば、成功というゴールに近づけると確信しています。

長く商売をしていると、時にはギリギリのライン——つまり刑務所の塀の上を綱渡りするような局面に遭遇します。経営上、それを断行せねばならない事態が発生します。好むと好まざるとにかかわらず——です。

そんな際には、俗に言う「きれいごと」では済まない事態になります。あるいは「修羅場《しゅらば》」を見る羽目になるかもしれません。これらに真っ向勝負するためには、まさに「命がけ」「ガムシャラ」でないと乗り越えられないのです。少しでも甘えや遠慮があると、即、裏目に出ます。誤った判断をしてしまう可能性が出てきます。

一方で想像してみてください。若いうちから精神的な修行体験に遭遇し、すっかり傾倒してのめり込んでいる人がいるとしましょう。このような方は、つい、相手の立場を思いやり過ぎてシビアな対応ができない――。その可能性がとっても高いんです。シビアな対応や決断って、経営者にとっては普通の人以上に重要です。だから、「いい人」「優しい社長」「物わかりのいい社長」と周囲に思われてはいけない時期が確かにあるのです。特に創業時期の3年から5年は……。鬼になって基盤を作りましょう。

磐石《ばんじゃく》の基礎ができてからでいいんです。精神的なレベルアップは、その時点から徐々に図れば十分です。人間的成長も遅くないと考えています。

そもそも、人間はそんなに簡単には「魂のステージ」は上がりません。

金銭に代表されるような持つべき物を持てば、余裕の気持ちも出てきます。その時点から、人格向上に努めたほうが効率がいいのです。

若いうちから人格向上に努められると、どうしても小さくまとまる傾向が強いように感じます。「アントレスクール」だけでなく、m・i x・iやネットを通じてのやり取り、実際にオフ会として多くの若者にお目にかかっています。そんな私が感じた率直な感想です。

考えてみてください。基礎が築けないけれど、従業員思いで物わかりのいい人格者の社長。これでは従業員がかわいそうです。会社も不安定で、なかなか成長、発展しません。社会貢献のスケールも微々たるものでしょう。

起業したら、まずは、経済的な成功を勝ち取ることを目指してください。

あなたに力がついていくに従って、徐々に精神的な成功を目指すのです。

これが王道であり、近道であると私は信じています。

面白いことに、若いうちにムチャクチャをやっていた人間が、生まれ変わったような人格の経営者になるケースがありますね。

たとえば若い頃は、暴力団の組員。ところがあるとき「これじゃあダメ」と悟り、改心してお坊さんになった――あるいは立派な経営者になった、という例です。

私は過去に、このタイプの経営者と何人か会ってきました。

このような方は強い精神力を持っています。まず簡単に崩れませんし、その粘り強さで会社を大きく成長・発展させています。

そのような意味で……私は若者で個性の強い方が大好きです。

大学を卒業されて社会人になるときから、将来の独立起業を目指す方も最高です。

ただ、「素直さ」「正直さ」に欠けていると、真の成功は困難でしょうが……。

第20条

「性の達人」になることによって、
楽しい人生を経験できる。

「性の達人」という言葉に驚かれた方も多いでしょう。

一般的には、成功哲学書にこんな性的な要素はありません。それは百も承知です。しかし、私が伝えたい成功哲学とは「真の成功者」になるための31カ条です。

経済的・精神的な成功者を目指すためには、性の問題は避けて通れるわけがありません。どうしても外せなかったのが、この一条。数十年にわたって高い授業料を払い経験した私の総決算と言っても過言ではありません。性を省かず正面から取り組んだ点は、「全編完全オリジナルの成功哲学」である証拠となり得るでしょう。

ただ……性的描写に潔癖な方は、読まれないほうがいいかもしれません。どうぞ、飛ばして次の項目を読んでくださいね。

さて本題の「性」です。私は常々、不思議で首をひねっていました。

学校・親・会社が教えない性。

「どうして性について教えないんだろう?」

臭いものにはフタをするのが日本人の特徴のようです。でも、人間には知る権利があるはずです。正しい性知識を得る。たったそれだけで、性に対する価値観も「ガラッ！」と変わってくるんです。

私の場合、当時はインターネットなんかありませんし、テレビの番組だっておとなしいものでした。アダルトビデオなんかまだまだ登場していない、っていう時代です。性については誰も教えてくれない。ご他聞に漏れず、自分で勉強していくほかは手段がありませんでした。もともと男性としての本能が強く好奇心も旺盛な私です。書物や実際の体験などを通じて、多くの真実を「徹底的に」学びました。

その結果、今では性に関するほとんどすべてをマスターしました。「性マスター」の自信があります。長年にわたる探求および実践したその結果、どのように私の価値観・行動が変わったのか。輝かしい成果は次の7点をご覧ください。

1、性を極めることによって女性に喜びを与えることができるようになった。
2、男性とは、女性に尽くす生き物だとハッキリと自覚できるようになった。
3、知識のない男性が、いかに多いか――。そのために快楽を知らずに亡くなる、かわいそうな女性が、世の中に実に多いことを知った。
4、人間関係と性はまったく同じ。与えれば与えるほどいい波動が返ってくる。

5、男女の仲は会話とセックスさえうまくいけば、まず安泰。
6、「性欲」から「征服欲」に完全に変化した。
7、性的欲求不満になることが、まず、なくなった。

私はこう、断言します！

「世の男性諸君は己と家族の幸せを願うなら、性の達人を目指すべきです」

「男性は女性に尽くすために生まれて来ていると言っても過言ではありません」

「楽しい幸せな人生を歩むためには、性の勉強が不可欠」


性の定義は、子孫の繁栄、コミュニケーション、快楽という3つに集約されるでしょう。たとえば、たまたま喧嘩・言い争いになったとしてもセックスがあれば一発で仲直りしたという経験をお持ちではありませんか。そして個人差はありますが過去の男性で、性の快楽をより多く与えてくれた方を女性は好きになるようです。

ビジネスにおいても奥様の協力は不可欠です。右脳で物を考える多くの女性に、気持ちのいいセックスを与えられる男性になりましょう。そうすることによって、大事な奥様も、自然とあなたに協力してくれるようになるでしょう。

第21条

世間体、他人からの誤解、中傷、嫌われることを恐れない精神性を持つ。

周りから、自分がどのように見られているのか。

これを気にする方が、非常に多いようです。さらに人から嫌われることを異様に恐れています。

私は、こう思うんです。自分を取り囲むすべての人に好かれるはずがない、って。だって人の性格・価値観は皆、違っています。ということは、物の見方・考え方がそれぞれ違うんです。ならば、好き嫌いの感情もそれぞれ違って当然ですよね。

逆に、すべての人から好かれるほうがおかしいって思わなければいけません。

なぜ、こんな話をするのか。成功者になるためには、人と違ったことをしますし、しなければいけない場面が、必ず発生します。いや、もっと書けば、人と違ったことにトライして、結果が出たから成功者になれたのです。

人と違うことをする――ズバリ、周りとの軋轢《あつれき》が生じます。そんなとき、外野からの誤解・非難・中傷などを気にしていたら、行動できません。膠着《こうちゃく》してしまいます。

私は現役の社長時代には、自分のしたいように、させていただきました。もちろん疑問が湧き、迷ったときには、しかるべき方に相談しまくりました。迷わなければ誰のアドバイスも聞かない。でも、少しでも迷えば徹底してアドバイスを求める。これが私のポリシーであり、特徴でした。

命がけで経営したならば、他人からの批判・誤解・中傷など気にならなくなります。実際――気にする余裕なんてありません。それよりいい結果を出して、自社を成長・発展させるのみに邁進《まいしん》する。営業と同様、すべては結果次第という価値観ですね。

会社の処遇面でもしかり。私はまず社員の給与を高めに設定しました。そして、どのような職務であろうとも残業手当を一切、つけませんでした。ビデオ・CDや本などを販売する店舗商売ですから毎年、新店をオープンしていました。新店舗を造ることで年商・利益を伸ばしていたからです。新店開店の準備にいちいち残業代を支払っていたら、会社は火の車です。徹夜の連続になる期間も当然のごとくあったからです。もちろん夜食など食事は支給しました。残業手当不払いは労働基準法違反ですから、一般にはお勧めできません。そんな常識外れなこともしてきたのです（でも不思議と社員はついて来てくれました）。

㈱ロッキーはおかげさまで、根性の座った精鋭軍団となりました。この残業手当に関しては、国会で廃止の方向の動きがありましたが見送られました。私は個人的には賛成ですが、常識あるサラリーマンからすれば、大ブーイングの嵐でしょう。

それにしても、時代の変化は激しいですねぇ〜。この昨今、昨日までの常識がわずか1日で非常識になったり、その逆もしかりですから……。

さて、本題に戻りましょう。経営者は「あの人は、いい人」って評されるようではダメです。ちょっと厳しいかもしれませんが、それが経営者たる本質なのです。「なーんかムチャクチャな言動だけど、結果だけは出しているなぁ、不思議」と、言われたりするほうがいい。変なヤツって思われるぐらいがいいんです。

過程はどうであれ、経営者の仕事は、結果がすべて。「終わりよければ、すべてよし」と、シェイクスピアも言っているじゃありませんか。それを地で行くんです。

人に迷惑をかけず、犯罪行為をせずに、いい結果を出し続ける。そうすれば、周りだって、いい評価をその経営者に下さざるを得ません。「出る杭は打たれるが出過ぎた杭は打たれない」。ひたすらにそれを信じて、周りの目を気にせず突っ走るのです。

いいですか、嫌われても、嫌われても挫《くじ》けちゃいけません。踏ん張り続けるんです。最終最後の場面で、成功者としての栄冠を勝ち取るんです！

人から好かれるなんて、成功者になってからでも、十分に間に合いますよ。

第22条

尊敬できる成功者のそばにいることが、成功への最も近道である。

尊敬できる成功者のそばにいることが、なぜ、成功への近道なのでしょうか。

その答えは、シンプルです。

成功者は、自分なりの成功哲学を持っているからです。

たとえばあなたがA地点からB地点へ行きたいとしましょう。

A地点とは、ゼロの状態です。

B地点を成功到達点とします。

Bに行った経験がない方は、迷いつつ不安と闘いながら、手探りで前に進みます。

当然ながら、進む速度はカメのように遅くなります。

一方、B地点に一度でも到達した経験がある方は、どうすればB地点に早く到達できるかを知っています。よって再度、B地点へ向かう局面でもそこは経験者ですから余裕の構え。B地点まで、極端に言えばスイスイと進んでいけるのです。

この差が未経験者と経験者（つまり成功者）との大きな違いです。お金持ちがますますお金持ちになっていくのと同様の原理です。経験で、体得しているんです。

もう、おわかりですね。

成功者のそばに、いればいるほどいい。成功者の価値観に染まっていき、よいエネルギーのシャワーを浴び、洗脳を受けるからです。それも、知らないうちに――。

さて、面白いことに、成功者の影響を受けている自分に気づく場面は必ず来ます。自分の同僚・同級生・友人たちからの評価が、次のように変化するからです。久し振りに昔の友人たちに会った場面で――。

「なんか、おまえ、考え方がスゴいなぁ」

「価値観が、なんだかおれたちと違ってきたなぁ」

「顔つきが、ずいぶん変わったなぁ」

などと評価されれば、しめたもの。顔つきなどに関しては、「精悍《せいかん》になった」というプラス表現をしてくれた場合です（間違っても「暗くなった」などというマイナスの評価は当てはまりませんよ）。するとさて、どうしたものか逆の評価、すなわちネタミなどの悪い評価も受けはじめます。

「付き合いが悪くなった。遊びに誘っても断られてばかりだよ」

「なんか、とっつきにくくなった。付き合いづらいなぁ」

「あいつの常識外れの考え方は、ちょっと嫌いだね」

などの評価です。これは、あなたの魂のステージが変化してきた証拠なのです。魂のステージが違ってくると、付き合う顔ぶれに劇的な変化が起きてきます。これは当然と言えば、当然なのです。

成功者って、ある意味、「非常識な人間」です。人と違ったことをやり抜くから、人よりもお金持ちになれたんですね。凡人のように常識の中だけで生きるほうが、実は、楽なんです。ところが成功者は、一見すると「苦」に見える世界のほうに進もうとする傾向があります。苦難をクリアすれば明るい未来が開けていることを知っているからです。将来が見えるからこそ、そんなイバラの道をあえて選び、歩くのです。成功者とは、すでに「結果を出した人」なんです。ですから、己に自信を持っています。その自信が、さらなる幸運をもたらします。

そのような方のそばにいて、いい影響を受けないはずがありません。しかも、さまざまなことを教えてくれます（ただし、あなた自身が素直でなければいけません）。

そうなると、妻・愛人・夜の蝶……男性よりも女性のほうが、成功者のそばにいる確率が高いですよね。やはり、この世は、女性を中心に回っているのでしょう。

第23条

第二の人生は、「さまざまな投資」と知ること。

経済的な成功を遂げたあかつきに、その後の人生をどのように生きていくのか――。

あなたにも、多くの考えやプランがあることでしょう。

でもその前に、決して忘れて欲しくないことがあります。

経済的な成功は、自分一人の力では成し遂げることができません。自分を取り囲む多くの方々からの応援・協力なしでは不可能です。ですから、経済自由人になったなら、次は恩返しです。それが成功したあなたの役割です。

どのような内容の恩返しをすればいいか――これが大きな問題です。

さまざまな形が考えられますが、私の場合は前途ある若者に対して、起業ノウハウの教授をボランティアで実行していました。2004年から2年3カ月間、「創業塾」の運営をしたのです。個人的には、予想外のことでしたが――。香川県高松市を中心に「アントレスクール」を開校。これも恩返しの活動です。

おかげさまで、若者の人脈が自然にできて、予想外の楽しい日々を過ごしています。

このスクールの卒業生が、私の教えどおり実践して成功者を目指されたり、バリ島の自宅にまで遊びに来たりもします。

なぜ、こんな恩返しをするのか――。答えは簡単です。

現在、私の味わっている「喜び」「自由」「楽しさ」をぜひ、将来ある若者に体験してもらいたいからです。そして私の持つノウハウをすべて吸収し、成功していただきたいからです。

「ノウハウを提供して喜んでいただければいただくほど、巡りめぐって私が幸せになるのがわかる」からです。無償の愛を与えれば、求めなくても自然に返ってきます。

長年のノウハウ放出という形とは別に考えられる投資があります。金銭投資です。

私の資本投資は3つに分かれています。それは「株式投資」「FX（外国為替証拠金取引）」「インドネシアでの預貯金、社債投資」などです（不動産投資もありますが、すぐに現金化できないので、私はお勧めしていません）。

特に外国為替証拠金取引に注目しています。ここでは詳しく書けませんが、ほかの投資よりも確実性が高くシンプルな投資だと考えています。FXは外貨預金と比較して利幅が大きいんです。よって起業の際、資金不足の方が短期間、割り切ってFXの為替トレーダーをされ、資金を作りその後に起業する。そんな図式も成り立つ時代に突入したようですね。

さて、第二の人生を送るにあたって、投資を考えない方はいないでしょう。

金銭的投資には、当たり前ですがリスクを伴います。でもリスクを恐れては、さらなる成功は不可能です。これは経済的成功を収められている方々は、私が書くまでもなくおわかりのことでしょう。

リスクもあるのが投資――。

ひとくちに投資といっても、その方の性格に合った投資の種類や手法があると思います。要は、性格に沿った投資をすればいいだけです。これを見つけるには、ひとつひとつ地道にアタックを続けるしか、方法はないかもしれません。

示唆《しさ》に富んだ原則として、お金持ちはますますお金持ちになります。

たとえば100万円を持っている方が年率10%で運用したら10万円の利益。ところが資本が1億円なら1000万円もの利益になります。大きな元金があれば、儲けも大きくなる。よってお金持ちはますます、お金持ちになるという仕組みです。

ともあれ、投資には資金が必要。最初にある程度の経済的成功を収めなければ、運用資金も作れませんものね。

そのあとに、第二の人生設計を具体的に立てればいいと考えます。

あなたのご健闘を祈っています。

第24条

常に己の健康に留意すると共に外面を整えておく。

己の人生で一番、大事なもの――。お金、恋人、家族、時間、自己実現などなど。あなただったら、何を挙げますか。

成功者ならば、それはお金でも恋人でも家族でもありません。

まずは、なにはともあれ自分自身の健康です。

どんなにお金があっても、寝たきりになった自分を想像したくありませんよね。もし病気になった場合。治療費や入院費などお金が必要ですし、世話をしてくれる家族にも、多大な迷惑をかけてしまいます。場合によっては、病気が原因で、恋人と結婚することすら困難になるかもしれません。ですから、健康を一番大事にしなければいけないのです。

ちなみに私が社長時代には、予備医療機関（ハイメデックス）を活用して毎年の健康管理をしていました。これはガンが3ミリから発見できるペット検診を中心とした最新の内容です。おかげで病気の心配をせず安心して仕事ができたのですね。

身体が不健康になると、もっと怖い事態になります。精神もおかしくなっていきます。なぜなら、心と身体は表裏一体だからです。

逆に言えば、精神状態の歯車が狂い始めると、肉体の健康も損ねてしまうのです。

今の日本はストレス社会。家族関係・仕事関係・人間関係——思い悩んだり、苦しんだりストレスを溜めることが、どんなに不健康かはあなたもわかるでしょう。身体だけでなく、最近はうつ病として、ストレスが心を直撃しています。

うつ病にならずに、楽に生きたい！　誰もが願うでしょう。

それには、馬鹿正直にオープンに生きるに限ります。

でも実際には、そう簡単にできるものではありません。そんな生き方ができるのは自分に自信を持っている方、人に頼らなくても生きていける方、嘘をつく愚かさに気づいた方……くらいでしょう。凡人には、とても真似できませんよね。

しかも、うつ病は年々増加しています。

最近ではサラリーマンの長期病欠の理由としてもっとも多く、その大半を占めるのがうつ病だというデータもあります。休職し治療し、回復して職場に復帰しても、再発する方が実は少なくないそうです。大変ですよね……。

でも「心の風邪」と言われるように、誰でもうつ病にかかる可能性があります。

したがってあなたは「精神的に病まないような自分」を意識してつくる必要があり

ます。そのために適度な運動で肉体の健康管理に努めるようにします。そうすればストレスも解消され、いつも明るく元気に過ごすことができます。そのような方にのみ、幸運が巡ってきます。食生活も意識するといいのは言うまでもありません。ストレスに上手に対処し、適度な運動を日々、意識するのがベストな方法です。

次に、この条の後半をご説明しましょう。

「外面を整える」とは「おしゃれ」を筆頭に、どんな方に見られても好感を持ってもらえる自分づくりに努めるのです。私はいつも光る物を1点、身につけています。

ここで「おしゃれがちょっと苦手」という方に、少し耳の痛いお話をしましょう。初対面の人と会ったときを想像してください。相手があなたに感じた第一印象が、あなた自身のイメージの80％を決定します。性格・頭のよさなどは無関係です。

第一印象が悪いと、その挽回に多大な時間が掛かります。これではあまりに損です。日頃から、マイナスイメージで見られないような外見を心がけましょうね。

これは、なにも高級服を購入しなさいという意味ではありません。こざっぱりとした服装にする。好感を持たれるセンスを勉強して、衣服を身につけるだけです。

そうすれば、必ず幸運が向こうからやって来てくれるようになりますよ。

「運も実力のうち」と言いますが、実は自分で運を引き寄せることが可能なのです。

第25条

どのような人との出会いも「ご縁」と大事に考え、積極的に人脈を増やす。

一生を通じて、会える方の人数は知れたもの。

どんなに頑張ったとしても、全日本人に会ってから死んだ方はいないでしょう。となると、「ご縁があるから、その方と会えたんだ」と考えられます。ですから、大事にしないといけません。年齢・男女・社会的立場の差……それらは一切、関係ありません。実際に会って話ができれば、ご縁があったと思うようにしましょう。

真の商売人は、これらを完全に実行できています。さらに自分が出会う方、すべての方に、同じように公平な対応をします。そうすることが、自分と自社の幸せにつながることを知り抜いているからです。

その一方、出来のよくない経営者は、己の好き嫌いの感情で他人と対応します。あらゆる条件を、出会って瞬時に頭で判断し、損得勘定で対応に差をつけます。

私は経営者時代に、こんな社員教育をしていました。

「どんな人間が会社に訪問して来ても、丁重に応対しなさい。そして、お客様のお話が終了したならば、玄関先まで必ず見送ること！」

これを厳命していました。

たとえ自社の営業にまったく関係のない飛び込み営業員に対してでも、です。誰であろうが、㈱ロッキーを訪問された方を大事に考え、大切に扱う教育を徹底的に仕込みました。私はその理由を、小学生でもわかるようにスタッフに教えました。

1、たとえ今はペーペー初心者の営業部員だとしても、将来、その会社の社長になる可能性もある。もし、この最初の訪問で悪印象を持たれたら将来的に必ずマイナスとなって我々に跳ね返ってくる。すると売り上げにも影響して、その結果、皆さんの収入が減るかもしれませんよ。それはイヤでしょ。

2、ほかの会社ができないことをやり抜けば、必ずイメージアップにつながる（当時は、すべての来客を玄関先まで見送る会社が少なかったのです）。

3、商売は、すべての方々がお客様になる可能性がある。来訪者全員を大事に応対して当たり前。

4、取引業者は我々の会社から搾取するのではなく、逆に利益を落としてくれる方々。だから、すべてのお客様を大事に考えて対応してください。決して横柄な態度で臨んではいけません――。

もちろん、私とて同じです。2階の事務所から訪問者を玄関まで送って行く際に、幾度となく言われた言葉がありました。

「いやいや……。下まで送ってくださらなくても、いいですよ」

私は喜んで、こう応えていました。

「いえいえ。わざわざ交通費を使ってまで来社されています。これくらいは感謝の気持ちです」

この来客者への対応に感動した会社もあって……いくつかの取引会社が真似をしたようです。今では多くの会社で、同じような対応がされるようになりました。

でも、これって至極、当たり前のことですね。来客者に多くの感動を与えなくて、どうして成功できるのでしょう。

これは、一時が万事ではないでしょうか……。人間関係もビジネス関係もまったく同じで、「自分が幸せになりたい！」「人から大事にされたい！」と思うのなら、まず自分から積極的に愛を与えなければいけません。

たとえば街頭で。テイッシュ配りをしている方から、テイッシュを受け取った際に自然に「ありがとう」と、口をついて出るようになれば、成功者として本物です。人ができないことをやり続ければ、成功者になれる可能性がグンと高くなります。

第26条

何事も徹底する癖をつける。

成功する方に共通している癖。それは何をするにも「徹底的」です。

成功者は皆、中途半端を嫌います。なぜなら、中途半端が最も危険だと、経験で身に染みているからです。中途半端では成功する確率が低い――。いや、もっと言えば中途半端では成功するはずがありません。

私は現役の社長時代、多くのビジネスをやってきました。しかも「徹底的」に。㈱ロッキーは、最初ビデオレンタルショップを、数年後にビデオセルショップを、そしてその数年後にネットカフェを立ち上げました。そんな事業展開のなかで、こんなルールを独自に作ったのです。

1、24時間営業。
（「ロッキーミラクルタウン」という郊外24時間複合型店舗を2店舗造り、全店舗24時間営業を実施。これは「24時間戦って負ければ悔いなし」という背水の陣の想いからでした）

2、店舗出店は香川県のみに限定。
（一極集中して、パワーのロスを防ぎました。県外はフランチャイズとして出店していただきました）
3、広告戦略。
（わずか1店舗のときから徹底して香川県全体に広告を出していました。年間最高9000万円の広告宣伝費を投入しました）
4、借金と同等額の掛け捨て保険を常に掛けつづけました。
（倒産したら死んでお詫びしようと誓っていました）
5、レンタルビデオの商品仕入れを、3カ月間ですが1店舗だけ、ビデオ全新作品の仕入れを敢行しました。
（1カ月の仕入れ金額は1000万円以上。その間、利益はまったく上がりませんでしたが、いい勉強になりました）

まだまだありますが、割愛しましょう。
つまり、このような大胆不敵な戦略を考えてやり抜く。しかも、徹底的に――。
そうすれば、結果がついて来ないはずがありません。

まあ、今だから白状しましょう。私も異業種に数回チャレンジしましたが、結果的にはすべて消滅しました。一番儲かったのは、最初に立ち上げたビデオレンタルショップだったのです。

「人と同じこと」をしていては成功者になれない。これを肝に銘じてください。

しかも日本では、出る杭は必ず打たれます。しかし、出過ぎた杭は打たれないんですね。悪事をしない限り、他人だって、その勢いを止めようがないのです。

では、どうすれば、物事を徹底にする癖がつくのでしょうか――。

実は、ごくシンプル。「経営には命を担保にすればいい」のです。

私のような凡人でも、必死になれば、とてつもない力と知恵が湧いてきました。

自分自身が「凡人」だと、誰よりも自覚していた。だからこそ、命をかけざるを得なかったのかもしれません。命をかけて経営に臨めば、怖いものなんてありません。行き着くところ、つまり最後は腹をくくる覚悟ですから。

その代わり徹底して物事をやり抜くと……。人からは当然、誤解されたり、嫌われたりします。それをあなたが恐れるか、受け入れるか否かにかかっているのです。

成功者への踏み絵として、時として人から嫌われる、誤解される。そんな局面もあるのだと、心してください。

第27条

発する言葉は「言霊《ことだま》」と理解し、
成功者となれる言葉を
発し続けるように努める。

私たちが普段、発している言葉は「言霊（ことだま）」と言われています。

言霊とは漢字のまま。「言葉」に「魂が入っている」と解釈するといいでしょう。

言霊自身が意思を持っていると考えてください。

人は、発する言葉、つまり言霊によって、よくも悪くもなるのです。

発する言葉がマイナスであれば、自然とマイナスの状況を招くようになります。

逆に、発する言葉がプラスであれば好循環で物事が回るようになります。

これらを、どうぞ頭から信じてください。

そうしなければ、あなたの成功者への道は、一歩たりとも前進しません。

ここで、ちょっと成功者の言葉を、冷静に観察してみてください。

テレビで、講演で、実際の会話で——。

マイナスの出来事があったとしても、それをプラスの言葉で発しているはずです。

たとえば、離婚をしても「卒業おめでとう！」と表現しています。これは、よくよく考えれば、当たり前ですね。ほかにも「失敗は大歓迎」「失敗は成功の素」など。

失敗して反省するから、同じ失敗はしない。失敗は気づきを与えてくれる良いチャンスととらえていますから、こうした発言になります。結果、成功者になります。

成功者は知っているのです。

「決してマイナスの言葉を発してはいけない」と。さらに「うっかりマイナスの言葉を発すると、その結果がどうなってしまうのか」を。

ですから、成功者はマイナスの発言はしません。常に、プラスの言語で話すようにしています。ポジティブ会話が自分のフォーム（習慣）になっています。

なぜなら、そう心がけるだけで、結果がプラスになっちゃうからです。

言葉と思考は連動しているんです。何かの機会に、観察してみてくださいね。成功者は「自分はツイてない」なんて、決して言いません。どんなときでも「自分は、なんてツイてるんだろう」って言っていますよ。

思うに言霊とは、その人の潜在意識だと言ってもいいでしょう。普段、無意識で発する言葉……これが、己の潜在意識の現われなんですね。

成功者とは反対な発言をする人たち。それは、暗い人、愚痴の多い人、文句ばかり言う人、マイナス思考の塊《かたまり》の人……。このような方々を「マイナスの言霊使い」と言います。

潜在意識は、もともとマイナスな要素が多いものです。それらの意識を表す感情が、マイナスな言葉となって無意識に口から出ています。恐ろしいことですね。

愚痴《ぐち》が多い人やネガティブな発言をする人は、マイナスな思考を持っているってことです。初対面でも発言、言霊を観察すれば、どんな人であるかがわかるのです。真の成功者になるためには、マイナス思考の強い方とは付き合ってはいけません。あなたがマイナスの波動を受け、結果としてマイナスの人生になってしまうからです。

ビジネスで、プライベートで、あなたの周囲にはどれだけ「マイナスの言霊使い」がいるでしょうか。どんな言葉を発する人なのかに注目します。言葉はいい判断材料になるんです。

では一方で、どんな人が「プラスの言霊使い」なのでしょうか。

俗に言う脳天気なヤツ、おめでたいヤツ、何が起きても、物事を自分にとって都合のいいように考え、いつも笑顔の人間……。このような人々です。

「マイナスの言霊使い」と「プラスの言霊使い」の将来は、もうおわかりですね。

あなた自身の言霊は、いかがでしょうか。

真の成功者になりたければ「プラスの言霊使い」だけと付き合う。もっと言えば自分自身が意識をして「プラスの言霊使い」になるしかないのです。

第28条

目先の損得計算をせず、
嘘をつかず、
笑顔を常時、心がける。

「今、この仕事をして点数を稼いだほうが、会社にアピールできていいかも！」

「この下請けの会社社長は厳しくないし、大した数を発注していないから、いいや、この案件はあと回しで」

などと、目先の損得勘定で、ついつい動いていませんか。

もちろん、私も過去にはそのような時代がありました。

でも、ガムシャラで生きていくうちに、考え方が変化していったのです。

特に私に衝撃を与えたのが無能唱元《むのうしょうげん》氏です。

彼は15年間の参禅修行中に「因依唯識《いんゆゆいしき》＝自分の人生の成功や幸福はすべて自分の潜在意識が創り出すもの」という悟りを得たという成功哲学を語るお坊さんです。

そんな彼の何冊かの著書のうち『人誑術奥義《じんとうじゅつおうぎ》』に書かれていた最大のノウハウの言葉が次です。

「魅《み》は、与《よ》によって生じ、求《ぐ》によって滅《めっ》す」

相手に見返りを決して求めず、先に与える努力をする、という意味です。私の座右の銘の2つのうちの、ひとつです（もうひとつは「気持ちが変われば運命が変わる」です！）。

この言葉が、幸せをステップアップする自分のため、ひいては成功者になるための自分に対して――。自分の魅力の源となるのだと、肌で体験して知ったのでした。

この言葉を知ったのは40歳くらいだったと思います。そこから試行錯誤を繰り返して、今に至っています。

最初は意識して実行しなければ、言葉のようにはできないでしょう。続けるうちに、「なるほど～」って思えたらシメたもの。納得・理解できれば、あとは継続するだけで己の癖（フォーム）になります。フォームになれば自然に「幸せ」につながるでしょう。

さて、この条に話を戻しましょう。

目先の損得計算をする、あるいはギブ&テイクの考え方が正しいと思える方。この段階は、精神的レベルがまだまだだと自覚してください。なぜなら、自分が得をすれば、必ず誰かが損をします。

逆の発想で、まず相手に得してもらおうと頑張るのです。

すると、金銭的・物質的には一時は損（本当の損ではありませんが）をしても、感謝・尊敬といった念をいただけます。

人生は長いのです。将来を見すえて考えれば……。行く先々で、感謝・尊敬を得たほうが、よい人生になるに決まっています。これを意識して、「先に与える」を実行あるのみ！　です。

次は「嘘をつかず」です。「無理に決まっている」と非難を浴びそうですね。確かに、嘘をつかない生き方は困難です。

でも、できます。できるんです。現に、この私が実践者ですから。

嘘をつかない方にはこんな共通点があります。

1、嘘は遅かれ早かれ、バレてしまうものだと知っている。
2、嘘がバレて信用・信頼を失うよりは、正直が一番だと確信している。
3、すべての方に好かれようとは、最初から思っていない。
4、自分に絶対の自信を持っているため、嘘をつく必要がない。
5、最終的に、他人に頼る気持ちがない。

嘘をつかなくていい世界に突入すると、わかりますよ。本当に楽です。

人に対する態度や話が、どこを切っても金太郎飴。相手によって変えたりと、さまざまな小細工を考える必要がありません。

たとえば小さな嘘が雪ダルマ式に大きな嘘になって困ることって、ありますよね。それが、一切ないんです。

まあ、人から嫌われたり、妬《ねた》まれたり、誤解されます。しかし、いちいち雑音を気にしてはいけません。

「真実はひとつしかない。いつかわかってくれる！」と思っていればいいのです。だって考えてもみてください。

自分を偽って、大きく見せようとしても、まったく無意味です。

詐欺師ならいざ知らず、人間って本当に鋭い生き物です。大きく見せた嘘は、いつか、必ず見破られますから。私は心底、そう思っています。

最後の言葉、「笑顔を常時、心がける」の意味は、相手に安心感を与えられるから笑顔を、という理由です。

これに関しては白状します。

今の私は生真面目すぎるのか、はたまた未熟なのか——。

このように、一条として書いておきながら、イマイチ自分が笑顔を実践できていないんです。

でも、いつかは、「常時、笑顔で生きていけるようになりたい！」と、強く願っています。実践できたら自然に身体も健康になるでしょう。このいかつい顔（？）も、俗に言われる「福相」（福々しい人相）になるでしょう。

そんな意味では、私もまだまだ……発展途上人間ですね。

いや逆に考えると、「まだまだ修行しなさい！」と、神様が言ってくれているのでしょう。

これからも失敗しながら学んでいきます。あなたとともに――。

第29条

物事にはすべて例外があることを知る。

それは、今から10年ほど前の出来事でした。

当時、付き合っていた女性の一言が忘れられません。

他愛のない会話だったのですが、私に突然に言い放ったのです。

「私は、『絶対』という言葉を使う人が嫌いなの！」

（……告白しますが私、その「絶対」って言葉を使っていませんでした）。

たったそれだけのセリフです。本人からすれば、他意のまるでない一言だったのでしょう。しかし強烈な印象として、鮮明に頭に残っています。

それ以来、人に何かを話すたびに「物事には例外がある」と付け加えるようになりました。やがて自分でも、そのように思うようになりました。私がこの『31カ条』に、このような成功哲学とちょっと無関係に見える項目を加えたのは、こんな理由からです。特に若い皆さんに注意してもらいたいです。

若いうちは、物事に対して白・黒をつけたがる傾向がありますね。

「これが正しい！」

「これしかない！」

と。心当たりはありませんか。

でも、多岐にわたるさまざまな事例を学ぶと、「そうではない事柄」にぶち当たります。すなわち例外という存在に、気づくようになります。

いや、気づかなければいけません。

もし、気づかなければ、どんどん頭（思考）が固くなっていきます。幸せに生きるためには、柔軟な頭を持っていたほうがいいに決まっています。頑固オヤジに若くしてなるのか、物事や相手を認め、いいところをどんどん吸収して生きるか。例外を認めるか認めないかって、若い皆さんにとっては実は重要なんです。

それに、例外を認める柔軟さは、その人間の素直さにも通じるものがあります。まあ、かく言う私も10代、20代は頑固で青かったですが……。

だからこそ、今のうちにあなたに知っておいてほしいのです。

身近に、例外から生まれた成功品があります。

付箋紙（ポスト・イット®）の開発が有名です。3M《スリーエム》中央研究所のある開発者が「よくついて、離れない」接着剤の開発に取り組んでいました。ところがまったく逆の、「よくつくが、はがれやすい」接着剤が、たまたまできてしまいました。

そのままでは単なる出来損ないの接着剤です。経緯はあったのですが、同じ研究室の別人物が、紙の片方にだけのりをつけ「のり付きしおり（本のしおり）」の商品化を思い立ち製品化。こうしてお蔵入りせずに陽の目を見たのです。今では、ビジネスには欠かせないツールに付箋紙はなっていますね。

その反対で、例外を認めずに失敗している例も多いようです。近年では「民主党がセメール事件」。情報提供者のウラを取らず、国会で真っ向から「自民党下ろし」に利用して、赤っ恥をかきましたね。そして党首が辞任するという騒ぎにまで発展し、終結しました。「その情報が万が一違っていたら……」という例外を想定できなかったんですね。「絶対に正しい！」という思い込みがとんだ惨事を招いてしまうという好例です。

話は変わりますが、私は血液型で相手を判断するのが意外に好きです（ちなみにO型です）。動物占いだって好きです（私は「上品なチーター」です）。こんなネタで初対面の方と会話が盛り上がるのであれば、どんどん使って構わないですよね。

そんな相手の血液型などを伺っているときですら、「例外はある」と客観的に判断している自分がいます。

「世の中には例外がある」――そう、常時思えるような自分をつくりましょう。

第30条

45歳から50歳で経済自由人の世界への到達を目指す。

まずは、あらためて「経済自由人」の定義から入らなければいけませんね。

以下は私独自の定義です。

・経済自由人とは、身内以外の他人に依存せずに、自分の生きたい人生を生きる人です。

・自由人とは、インターネットがつながる国であれば、世界中、どこにいても収入を得られる人です。

私が提案するのは45歳から50歳までに経済自由人になることです。

私は50歳でのリタイアを12年間、夢に見続けて実行に移しました。時代の流れは速く、今現在で言えば、45歳くらいでのリタイア（海外居住）が望ましいと考えます。20代などあまりにも早く自由人になるのは、精神的に未成熟なため、危険があるように考えています。

45歳までに1億円（できれば3億）のキャッシュポジションを得る。

これは、お金に換えるにあたって換金時間のかかる不動産などは除外しています。株や投資信託・為替・預貯金などであれば問題ありません。そのための準備期間は以前にも書きましたが10年間。すると35歳で強い願望を持たなければいけません。ただし、これはアナログビジネスの場合ですから、もし、インターネット関連事業なら5年間でも可能でしょう（ってことは、40歳から目指しても可能ですね）。

サラリーマンの方は残念ですが、よほどの幸運が生じませんと私の定義する経済自由人になるのは難しい。よって会社を所持する商売人を対象とした考え方ですが、会社をどうするかは、その方の経営する業種業態と社長の性格にもよります。

M&Aして、バッサリと切るか……。

事業継承を実施され、役員手当てをいただくか……。

退職金をいただき完全に手を離すか……。

日本の会社は、誰かに任せつつ、海外から自分で遠隔操作……。

だいたい、この4点に絞られるでしょう。

私の場合はM&Aを実施し、私について来たい従業員のために1事業部を残し、新たに㈱ロッキーを立ち上げました。そこでは代表権を持たない会長職に退き、次の社長を任命して事業継承をしました。

そして、バリ島を中心とした現在の生活をしているのです。

リタイアしても、海外でできるビジネス構築を考える必要性があります。

そのイメージは、世界各国、どこででも行うことが可能なビジネスです。

タレントの大橋巨泉氏じゃありませんが、季節ごとに３、４カ国を移り住むのもいいですね。彼は「ＯＫショップ」という観光物販業を海外数カ所で営んでいます。

ですが現代では、やはりインターネットでのビジネス構築がメインとなるでしょう。

血眼《ちまなこ》になって儲けを考えるビジネスではなく、楽しみながらできるビジネスをされるべきでしょう。

そう、得ている元金を減らさずに、その上澄み分だけで生活できれば最高です。

今の私が、そのような生活をさせていただいているのです。

一方で、一生ずっと仕事（経営）を続けるという価値観も、確かにあります。それを否定する私ではありません。

でも、人はいつか必ず死にます。

世界を自分の目と耳で確かめて、好きな国で居住し、無理のない、好きな人生を楽しむって生き方が、これからの新しい生き方ではないでしょうか……。

その結果が、あなたにとって海外でなく今の日本であれば、それもＯＫです。

第31条

歴史に学び、良書を読み、ノン・フィクションに触れ続ける。

歴史に登場する偉人は好きですか。

先人たちは、我々に多くの知恵を与えてくれますね。

百姓の身分から個性の強い織田信長に仕えた豊臣秀吉が好例です。木下籐吉郎と名乗り、のちに羽柴姓に変え、信長が本能寺で没後、明智光秀を破って天下を取りました。信長に「猿、サル」と呼ばれ目をかけられていた秀吉。ある雪の降る寒い日、信長が庭に降りようとして草履を履くとナント！　草履が温かいではありませんか。

信長「おのれっ、サル！　さては尻にワシの草履を敷いていたなッ！」

秀吉「めっそうもございません。殿の足が冷えてはいけないと思い、懐中で温めていたのでございます」

と言って、草履で汚れた着物の前を開いて見せたそうです。

……とまあ、一時が万事この調子。とにかく信長に尽くしました。こうして秀吉は、この後も、トントン拍子で出世したのです。

人は、秀吉を「茶坊主」とか「ゴマスリの天才」と中傷するかもしれません。

私は決して、そうは思いません。これは「真の愛」が思わず出てしまっただけです。つまり……愛する、尊敬するお殿様に「喜んでいただきたい」と感じて、次に「どのようにしたら喜んでいただけるだろうか?」。そう、必死に考えに考えて――。結果、起こした行動なのです。「真の愛」を無私のままで相手に与えたならば、どうなるか……。男女の関係でもそうなんですから、ましてやビジネスの世界では言うに及びません。それはもう、倍以上になって相手から返ってきます。

サラリーマンのあなたに告げます。ランチタイムに、あるいは夜の居酒屋で、勤務先の社長や上司の悪口を言ってストレスを解消していませんか? 私の目に浮かんでいます。

それは、とてつもなく愚かな行為です。

サラリーマンとして出世したい、あるいは幸せなりたい。その気持ちが少しでもあれば、秀吉になるべきです。社長である信長の長所を必死で探しまくる。そして心から好きになる。まず自分から先に相手へ「真の愛」を与えなきゃいけません。

社長の悪口をあちこちで吹聴する社員だと自覚されたら、残念ですが、即、今の会社を退職するべきです。だって、会社とあなた双方のためにならないのですから。

これはなにもサラリーマンに限った話ではありません。どんな商売でも原理は一緒。

お客様を心底から愛して相手を思いやり、お客様に喜びと感動を与える。真っ先にこれを実行しなければ、自社の成長・発展はあり得ないのです。

豊臣秀吉のエピソードは、商売の真骨頂を如実に教えてくれます。

歴史上の偉人、時として事件は、私たちに成功に至る多くの知恵を与えてくれます。偉人の手法に学び現在に応用することは、実に貴重です。

話をこの条に戻しますが——。私は、小さい頃から読書が大好きでした。でも、小説は生意気にも、小学校で卒業しました。なぜなら小説はノンフィクションと比較して、自分の勉強にならなかったからです。

失礼ながら私にとって「小説」とは、あくまでも「フィクション（偽物）」です。講演会なども同じ理屈が反映されます。著名な方々が、講演会をされています。しかし、ビジネスにおいては創業社長以外の講演は、聴講しても面白くありません。

「事実は小説よりも奇なり」。この深み、苦労、急展開。これこそ、創業経営者の「生の話」です。ゼロから、もしくはナイマスからスタートして成功に至る過程。

これには、凡人では計り知れない苦労・努力が常に必要になるのです。創業経営者あるいは何がしかの創業者の話が、リアルに聞けるからいいんです。

書籍のみならず、講演もノン・フィクションをお勧めします。

座右の銘

その2

魅《み》は与《よ》によって生じ、
求《ぐ》によって滅《めっ》す。

おわりに

「子孫に美田《びでん》を残すな」

真の成功者になった後、経済自由人になったあかつきの注意点について触れておきましょう。

私は4回の離婚を経た現在、3人の妻がいて、実子5人と1人の連れ子で計6人の子どもがいます。子どもに対しての私の価値観を、明記しましょう。

あなたの親と、似ていますか？　それともまったく違いますか？

1、子どもが20歳になるまでは、当たり前に養育費ほかの支払いをします。
必要とあれば子どもを全身全霊をかけて守ります。

2、20歳を節目として、その後の子どもの人生には関知する意思はまったくありません。

3、ただ、本人が本当に困ったときには、相談に乗るのは当たり前です。
※それがワガママまたは甘えであると判断すれば、即刻、突き放します。

4、私は身内には特に厳しいんです。

※それが真の愛と思っているからです。

5、別れた妻の子どもに対して、私が死亡しても財産分与する意思はありません。

もうおわかりでしょう。

20歳を基準にして、完全な親離れ子離れが私の価値観なのです。

同居する12歳の娘には「大学の2年生までは学費・生活ともども面倒を見よう。でも大学の3年生すなわち20歳になったら家から出てってもらうから、学費の準備を含め自活するように」と、常々言い聞かせています。

だって平安時代の昔は数えで15歳で男性は元服《げんぷく》しました。一人前だと社会に認められる成人式です。江戸時代以降は女性も、結婚と同時に、あるいは未婚でも18~20歳くらいで元服をしました。お歯黒を付けてもらったり、髪形や化粧が変わったり。20歳を基準に子どもから脱皮するのは当然だと思っています。

このように同じ意味を表す格言が、いくつかありますね。

「獅子は我が子を千尋の谷に突き落とす」

「子孫に美田を残すな」

億単位の資産家である私が、何を血迷ったのかと思うかもしれませんね。

理由は、こうです。

親に大きな財産があれば、一般的に子どもは、それを当てにしますよね。その結果、とても安易な形で子どもにお金が入ってきます。

お金の器ができていればいざ知らず、その時点で普通はできていないでしょう。そんな子がお金を手にしたら……。その後は容易に想像できますね。

結局のところ、不労所得は子どもの将来のためにならないと考えるからです。

あなたが自由人になったあかつきに、恐らく我が子に莫大な財産を相続してもらいたいと思うでしょうが、そこはよく考えてください。

私自身、18歳以降、親から小遣いをもらっていません。くれようとしても、断っていました。

余談ですがM&Aの数年前に家族会議があり、実父には遺産相続の放棄を伝えてあります。理由は、私自身が海外移住する予定もあり、長男でありながら親のそばにいられないからです。弟に、すべてを譲るというのが私の意思です。

私の子どもへの教育は、自分自身の経験から、という理由もあります。

しかし、もっと言うなら物事の本質から来ている教育だからです。

子どもの頃に、逆境にいた方や、お世辞にも恵まれない環境のほうが、真の成功者になりやすい。現に、そのような背景で成功した方は、結構いらっしゃいます。

なぜなら厳しい環境は、人の洞察力を育み、人をたくましく成長させます。その過程で、物事の本質を見抜こうと自然と努力を積むようになるからです。

もし、あなたの子ども時代がそうだったら、人になんと言われようが幸運です。

真の成功者になれるという点では、またとない好環境だったのですから。

必死に何かを成し遂げれば誰でもこれだけはつかめる

私はいつも、目の前の物事の本質を考えるようにしています。

意識して、そのような訓練をしてきました。

こうすることで、すべての物事の答えが導き出せると知ったからです。本質さえ押さえておけば、あとはクリアになります。自分がブレることはありません。

これが体感できたのは、ロッキー創業から1年も過ぎた頃でしょうか。

33歳で独立開業して、アルバイトに任せず、ずっとレジ打ちをしていたお話は冒頭でも触れたと思います。その本心は、社長である私にとって大切なのはお客さんと対面すること。そしてレンタルビデオショップにおいて、レジ以外の表舞台はないと判断したのです。

朝から朝まで（晩まで、じゃありませんよ）ずっとレジを打ち続けた、その1年後。レジを打っていても、店内の様子が手に取るようにわかるようになったんです。

32坪の狭い店内でした。どれくらいかというと、標準ワンルーム（6畳1K21平方メートル）の約5倍です。お客さんが店内のどこにいるか、そこで単に選んでいるのか、お目当て作品を探しているのか、さらにアルバイトスタッフがどんな作業をしているかなど……。

これは、仕事に慣れて、私に余裕ができたからそうなったのではありません。朝から朝まで同じ作業を飽きることなく続け、仕事に没頭したから、わかるようになったのです。こうなるまでに1年かかりました。

凡人でも、同じことを一生懸命にやり続ければ、周りが見えるようになるんです。やがて、その分野の本質がわかるようになる。

逆に、本質がわからないもの、自分のわからない分野では、気持ちがモヤモヤします。気持ちがクリアではありません。そんな場合には、その分野には一切、手を出さないように心がけています（私の場合、勉強不足で絵画の分野がわかりません）。

フッとすべてが見えた、あの日

今でこそ、私は本質が見えるようになり、何でも本質を軸にして考えるようになりました。

でも私は、実にいろんな経験をし、実父からも「おまえほど波瀾万丈な人間は見たことない」なんて評されてしまう人間です。

そんな私ですから、当然、悩みも数多くありました。人間、誰だって悩みと不安を抱えて生きているじゃないですか。

ところが――。

45歳のある日。

目の前がパーッと明るくなったんです。まるで霧が晴れたかのように……。

モヤモヤしていたものが、スーッと晴れたんです。

しかも、自分のことばかりでなく、人間関係などについてもクリアになった。

いや、すべてのことがクリアになったんです。

ここから、また、私は変わっていきました。

人からどんな質問を受けようとも、即答できるようになってしまったんです。

つまり、本質を見抜くスピードが加速したのでしょう。そして、あらゆる物事の本質が、理解できるようになったのです。

そしてそれ以降、不思議なことに不安な気持ちが湧かなくなったのです。

凡人の私が、どうしてこうなったのか。

考えられる理由は唯一、「徹底的に生きた」からなんです。

徹底的に生きた人間は、この境地に達することができる。見える世界が変わってくる。私の場合は、たまたま仕事で徹底的に生きて、その結果こうなったんですね。

ほかにも例えば趣味や芸術の世界などで、同じような方はいらっしゃるはずです。

あなたが今すぐに始めない手はない！

あなたも、真の成功者を目指すなら、徹底的にやってください。
中途半端はダメです。
繰り返します。
凡人の私が、一生懸命に仕事をするだけで、経済自由人にまで到達できました。
おまけに、物事の本質を見極める能力もつきました。
あなたが、今すぐに始めない手はありません。
頑張れば必ずできる！
人（私）のできることは、あなたもできる！
最後に、経済自由人への近道は起業あるのみ！
あなたのご健闘を心より願っています。

2007年4月　藤田《ふじた》隆志《たかし》

◉著者について

藤田隆志（ふじた たかし）

1954年香川県生まれ。四国・香川県下でＤＶＤセルショップを展開する株式会社ロッキー会長、バリ島日本人向け不動産コンサル会社PT KINUSA BARI会長。県立高松高等学校卒業後15年間のサラリーマン生活を経て33歳で独立。高松市にレンタルビデオショップ「ロッキー茜町店」をオープン、株式会社ロッキーを起業。香川県を中心とした四国という地域限定、己の命をかけた経営姿勢とサービスで次々と出店、事業を拡大し成功を収める。16年後、年商46億5000万円、経常利益３億円、全従業員数630人、総店舗数35店舗の規模にまで成長させる。2003年レンタル部門とネットカフェ部門を株式会社ゲオに売却（Ｍ＆Ａ）後、50歳で同社の会長職としてリタイアした。翌2004年には高額納税者として香川県を超え「九州四国地区ナンバーワン」となる。同年７月よりインドネシアのバリ島を中心とした居住を開始。資産運用としてＦＸ（外国為替証拠金取引）を得意とし100戦100勝中。現在３人の愛妻に囲まれ、日本とバリを往復し、世界を気ままに旅する経済自由人生活を楽しむ。 著書に本書と同時刊行の『３人の愛妻と大資産を手に入れた私の成功法則』（マキノ出版刊）がある。

経済自由人《けいざいじゆうじん》にあなたもなれる

資産《しさん》13億《おく》の私《わたし》が明《あ》かす
金銭的《きんせんてき》サクセスへの31カ条《じょう》

◉著者
藤田隆志《ふじたたかし》

◉発行日
初版第1刷　2007年4月25日

◉発行者
田中亮介

◉発行所
株式会社 成甲書房

郵便番号101-0051
東京都千代田区神田神保町1-42
振替00160-9-85784
電話03(3295)1687
E-MAIL　mail@seikoshobo.co.jp
URL　http://www.seikoshobo.co.jp

◉印刷・製本
中央精版印刷株式会社

Printed in Japan, 2007
ISBN978-4-88086-211-8

定価は定価カードに、
本体価はカバーに表示してあります。
乱丁・落丁がございましたら、
お手数ですが小社までお送りください。
送料小社負担にてお取り替えいたします。